친절과
인사만
잘 해도
세계최고가
된다

MK택시와 긴키산업신용조합의 성공신화

친절과 인사만 잘 해도 세계최고가 된다

초판인쇄	2014년 7월 17일
초판발행	2014년 7월 23일
지은이	박기모 HP:010-9958-3400
발행인	방은순
펴낸곳	도서출판 프로방스
표지 & 편집 디자인	Design CREO
일러스트	서설미
마케팅	최관호
ADD	경기도 고양시 일산동구 백석2동 1301-2
	넥스빌오피스텔 904호
전화	031-925-5366~7
팩스	031-925-5368
이메일	provence70@naver.com
등록번호	제396-2000-000052호
등록	2000년 5월 30일
ISBN	978-89-89239-87-1 03320

친절과
인사만
잘 해도
세계최고가
된다

MK택시와
긴키산업신용조합의
성공신화

박기모 _ 지음

프로방스

추천사

MK그룹 부회장 **유태식**

이 책을 읽으면 많은 사람들이
일본 MK택시에
꼭 한 번 가고 싶은 마음도 생길 것입니다.

MK택시와 긴키산업신용조합 등 MK그룹 이야기를 책으로 만든다고 하니 먼저 축하합니다. 이 책이 MK그룹을 널리 홍보하고, 많은 분들에게 MK 친절서비스를 알릴 수 있는 기회라고 생각하니 매우 흐뭇합니다.

이 책을 쓴 박기모 씨가 지난 2005년 6월부터 일본 MK택시를 첫 방문한 이후 지금까지 MK연수를 40여회 다녀갔다는 것은 대단한 열정입니다. 한 번 오기도 어려운데 오랜 기간 MK그룹에 와서 많은 것을 보고, 듣고, 느꼈으니 누구보다도 MK에 대해 잘 알고 있으리라 생각합니다.

이 책을 읽으면 많은 사람들이 일본 MK택시에 꼭 한 번 가고 싶은 마음도 생길 것입니다. 저희 MK그룹에는 한 해 수많은 연수단이 찾아옵니다. 모두들 감동을 받습니다. 그리고 한국으로 돌아가서 MK에서 보고 배운 친절서비스를 현장에 응용하고 있습니다. 하지만 쉽지 않다는 말을 종종 듣게 됩니다. 세상에는 쉬운 일이 하나도 없습니다. 저희 MK택시도 직원들에게 인사를 시키는 데 10년이 걸렸습니다. 그러니 될 때까지 계속 해야 합니다.

저희 MK그룹은 혹독한 일본 경제의 불황 속에서도 지속적으로 성장하며 회사의 영역을 확장했습니다. 우리의 생각은 아주 간단했습니다. 저렴하고 품질 좋은 상품을 친절히 판다는 겁니다. 그리고 누구보다 더 열심히 노력했습니다. 고생도 많았지만 열심히 노력하는 과정에 지지자들이 나타났고, 바로 고객과 직원들의 힘이 오늘날 우리가 성장하는데 큰 밑거름이 되었습니다.

다시 한 번 이 책의 발간을 축하드리며, 많은 분들에게 널리 읽혀지기를 기원합니다.

MK그룹 부회장 유태식

친절과 인사만
잘해도
세계최고가
된다
———

추천사

안동병원 이사장 **강보영**

MK정신과 교육을 통해
국내에서 가장 친절한 병원, 서비스 좋은 병원이라는
평판을 얻게 되었습니다.

MK택시는 세계적으로 유명한 친절서비스 기업입니다. MK 인사운동을 시작으로, 장애인 우선 승차, 택시요금 인하 재판, 구급택시, 영어회화 운전기사, GPS 무선자동배차시스템, 대행운전 서비스, 기모노 복장 고객 할인 등 이용자의 편리와 기사들의 사회적 지위향상 그리고 수입안정을 위해 끊임없이 변신하고 있습니다. 사람들은 MK택시를 경영의 교과서라고 부릅니다. 배울 것이 참 많은 기업 중에 하나입니다. 늘 현장을 지키는 경영자의 지혜와 솔선수범하는 리더십으로 오늘날 MK그룹을 존경받는 기업으로 만들었습니다.

요즘 경기가 어렵다고 하지만 좋은 상품을 저렴한 가격으로, 정성껏 서비스를 한다면 고객은 언제든지 오기 마련입니다. 하면 됩니다. 우리가 하지 않아서 그렇지, 하면 반드시 됩니다. 한 번 생각한 일은 끝까지 해 보십시오. 목적에 다다르면 그 곳에 성공을 만날 수 있습니다. 긴키산업신용조합 사가에 '고난의 뒤에 오는 무지개는 아름답'고 표현했습니다. 불황의 시기를 잘 견딘 사람만이 꿈을 실현하고, 새롭게 도약을 할 수 있습니다. 한국 사람은 할 수 있습니다. 회사가 일어서느냐 쓰러지느냐는 경영자의 노력에 달려있습니다.

유태식 부회장은 MK를 벤치마킹한 수많은 회사 중에서 안동병원 만큼 실천을 잘 해내는 기업은 없다고 말합니다. 저희 안동병원은 환자에게 존댓말을 쓰자는 '고맙습니다' 운동과 퇴원환자까지 돌보는 가정방문간호, 의료의 시각시대를 줄이기 위한 야간진료서비스, 공휴일에도 진료하는 365일 휴일 없는 병원, 응급실 24시간 전문의 진료, 토요일 종일진료 등 의료계에서 최초라는 수식어가 붙는 다양한 고객 만족 프로그램을 도입하여 국내 수많은 병원으로 확산시켰습니다. 이는 MK정신을 성공 모델로 하여 지속적인 교육을 통해 국내에서 가장 친절한 병원, 서비스 좋은 병원이라는 평판을 얻게 된 것입니다.

여러분들도 이 책을 읽고 늘 고객의 사랑을 받는 훌륭한 기업으로 발전할 수 있기를 기원합니다.

안동병원 이사장 **강보영**

친절과 인사만
잘해도
세계최고가
된다

———

들러가는

글

지은이 **박기모**

MK성공신화는 계속 된다

MK는 수많은 장애를 넘은 대표적인 성공기업으로서
경영의 교과서라고 부릅니다.

이 책은 MK택시와 긴키산업신용조합 등 MK그룹 이야기를 널리 홍보하고 많은 분들에게 MK 친절서비스를 알리고자 시작하였습니다.

MK그룹 유태식 부회장님을 처음 만난 것은 2005년 6월. 첫 만남 이후 일본 MK연수를 40회 넘게 다녀와 최다 참가자가 되었습니다. 한 번 다녀오기도 어려운데 저 박기모는 참으로 행복한 사람이었습니다. 그동안 MK에 대해 많은 것을 보고, 듣고, 느끼면서 한 가지 바람은 좀 더 쉽게 MK를 설명할 수 있는 책이 있었으면 싶었습니다.

이 책은 그동안 일본 MK연수를 다녀오면서 기록한 내용과 수집된 자료, 촬영한 사진들을 요약한 MK 다이제스트인 셈입니다. MK를 이해하는데 많은 도움이 되리라 생각합니다. 그러나 기회가 되면 직접 한 번 일본 MK택시를 다녀오시길 권유합니다. 백문이 불여일견(百聞不如一見)이라는 말처럼 직접 현장에 가서 몸으로 체험해보는 것이 가장 좋은 방법이라고 생각합니다.

지금 전 세계는 경제 불황으로 어려움을 겪고 있습니다. 이 긴 불황의 터널에서 벗어나려면 지금까지의 생각을 완전히 바꾸어야 합니다. MK택시는 혹독한 일본 경제의 불황 속에서도 성장을 계속하며 회사를 키워나갔습니다. 비결은 아주 간단했습니다. 저렴하고 품질 좋은 상품을 친절히 팔았다는 겁니다.

MK는 수많은 장애를 넘은 대표적인 성공기업으로서 경영의 교과서라고 부릅니다. 그만큼 MK는 현업에서 활용할 수 있는 아이디어들이 무궁무진합니다. 그 성공사례 가운데 가장 대표적인 것을 발췌하여 이 책에 수록했습니다. 그동안 이 책이 나올 수 있도록 물심양면으로 도와주신 모든 분께 감사드립니다.

이 책에 담긴 MK정신에서 희망과 용기를 얻으시고, 소원하시는 목표가 꼭 이루어지시길 기원합니다.

지은이 박기모 드림

친절과 인사만
잘해도
세계최고가
된다

차 례

Part 01 | 기업가정신

친절과 인사만
잘해도
세계최고가
된다

——

일본정부 외무성 대신
미국 전직 대통령을 맞이한
MK택시 기사

1993년 4월은 교토의 흐드러지게 핀 벚꽃들이 산들바람에 꽃비를 흩날리며 도시를 새하얀 꽃잎으로 물들이고 있는 봄의 절정이었다. 그러나 벚꽃놀이를 즐기는 인파로 즐거움이 넘쳐야 할 교토 시내는 뜻밖에 삼엄했다. 세계적인 VIP들이 교토에 집합했기 때문이다. 지미 카터 전 미국 대통령, 고르바초프 전 소비에트연방 대통령을 비롯한 전세계의 지도자들이 탄소가스에 의한 기후변화를 줄이기 위한 글로벌 포럼에 참석하기 위해 속속 모여들고 있었다.

교토(京都)는 794년~1868년까지 천년이 넘는 세월동안 천황이 머무는 일본의 공식적인 수도였고, 청수사와 금각사 등 헤이안 시대의 문화가 배어있는 유서 깊은 유네스코 문화유산의 도시, 관광과 교육의 도시로 알려진 약 150만 명이 살고 있는 곳이다. 젊은 세대에게는 게임기로 유명한 닌텐도 본사가 있는 도시라면 느낌이 확 올지 모르겠다. 반면, 교세라나 일본전산, 시마즈 제작소와 같은 첨단 기술기업, 와코루와 같은 의류기업의 본사, 월계관 사케의 본사도 이곳에 위치해있다. 이 중 임진왜란 당시의 귀무덤 미미즈카, 장보고 기념비가 있는 엔랴쿠지, 그리고 윤동주와 정지용의 시비가 있는 도시샤(同志社) 대학 등 한국인과 관련이 깊은 관광지 역시 많이 산재해 있다.

보통 공항에 국제적인 귀빈들의 전용기가 내리면 의장대가 도열하고, 군악대의 행
진곡이 울려퍼지는 가운데 외무성의 고급관리들이 맞이하며, 트랩을 내려선 VIP
는 레드카펫을 밟고 사진기자들에게 포즈를 취한 다음 최고급 의전용 차량에 올라
타 손을 흔들며 사라지기 마련이다. 그러나 이날 차례로 내린 VIP들은 검은 양복
이 아닌 밝은 색 유니폼 셔츠에 넥타이를 단정하게 맨 기사가 세상에서 가장 친절
한 미소로 인사하는 MK 택시에 탑승했다.

1995년 이 회사는 세계에서 가장 유명한 시사주간지 타임(TIME)이 선정한 세계
최고의 서비스기업 1위에 올랐고, 그들이 참석했던 글로벌 포럼은 1997년 '기후
변화에 관한 국제 연합 규약의 교토 의정서'(Kyoto Protocol to the United
Nations Framework Convention on Climate Change)로 열매를 맺었다.

그동안 MK택시가 모신 VIP고객 리스트에는 카터 대통령, 고르바초프 대통령 외
에도 클린턴 대통령, 엘리자베스 2세 영국 여왕, 오스트리아 여왕, 메르세데스 벤
츠 사장, 배우 더스틴 호프만, 브룩 쉴즈 등 외국의 저명인사가 줄을 잇는다.

MK택시는 2012년 8월 아시아나항공과 제휴하여 도쿄행 아시아나항공을 탄 승객
이 MK택시를 탈 경우 요금의 40%를 할인해주는 파격적인 서비스를 시작했고, 상
하이와 LA 등 MK 지사가 있는 다른 도시들로 확대할 계획이다. 12월에는 MK택
시의 한국법인인 MK코리아가 서울시 외국인 관광택시인 '인터내셔널택시'의 차
기 위탁업체로 선정되어 인터내셔널택시 네트워크에 소속된 다른 법인-개인택시

에 외국인 승객을 연결해주는 것은 물론 외국인 유치 마케팅에 나서 차량가동률을 높이고 인터내셔널택시 운전자에 대한 서비스 교육도 실시하고 있다.

MK그룹은 오늘날 정유사와 금융기관을 포함한 10개의 기업을 거느린 기업집단이다. 매월 이익 3억엔을 넘나드는 그룹의 모체 MK택시를 비롯해 그룹의 회사들은 모두 인상적인 성과를 내면서 장기불황 속의 일본 경제 속에서 여전히 순항하고 있다. 유봉식-유태식 형제는 일본의 '잃어버린 20년'에도 불구하고 장기적으로는 현재의 일본내 8개 도시를 넘어 일본 전역에 '25,000대의 택시+10만명의 기사'로 일본의 고용창출에도 일익을 담당할 계획이라고 밝혔다.

유태식 부회장은 말한다. "MK택시의 성공비결은 '친절'입니다. 단순하게 보이지만 '친절한 택시'를 만들기까지 40년이 걸렸어요."

전세계에서 MK 그룹이 어떻게 하길래 모든 사원들이 최고의 서비스를 고객에게 제공하는지 교육담당자들의 관심이 쏠리고 있다. 이 책은 불황속 극심한 경쟁 속에서도 고객을 창출하고 수익을 내야만 생존할 수 있는 한국의 사업역군들에게, 그리고 가족을 책임지느라 불철주야 땀흘리는 아버지들에게 나침반이 되며 격려의 메시지가 될 수 있을 것이다.

친절과 인사만
잘해도
세계최고가
된다

기업가정신

<u>기업가정신은 개척정신이다.</u> 모든 것이 다 갖추어진 상태에서 하는 사업이 아니라 모든 조건이 다 부족할 때 될 수 있는 가능성을 찾아내고 열정을 쏟아부어 일을 만드는 사람이 기업가이며, 그 스피릿이 기업가정신이다. 기업가는 기업을 일으키고 고용을 창출하며, 생산해낸 가치로 사회에 기여하고 국가경제를 떠받친다. 그리고 지속가능한 사회의 재생산을 위하여 다시 도전과 창조의 전선에 나서는 사람이다.

기업하기에 정말로 어려워 보이는 아프리카에서 기업가는 전기를 박탈당하면 발전기와 변환장치를 만들거나 수입해서 비즈니스를 한다. 안정된 금융시스템을 박탈당하면 환율을 가지고 모험을 건다. 직장을 박탈당하면 길거리 노점을 열어 장사를 한다. 한 가구 수입유통업체는 정부가 외제가구 수입을 금지하자 그동안 보아온 디자인과 수리기술을 바탕으로 가구제조업체로 변신했고, 또 다른 나라에서는 정부가 석유 수입판매를 금지시키자 주유소 체인이 외식업체로 변신했다. 어딘가 막히면 다른 것을 뚫어 돈을 벌고 고용을 창출하여 사원과 그 가족을 먹여살린다. 그것이 기업가다.

일본에서 MK택시는 척박한 비즈니스 환경을 이긴 기업가정신의 산물이다.

비밀 : 1

MK성공신화는 기적이 아니다. 불굴의 투지와 끊임없이 도전한 땀의 결과다.

반의 반
발자국만
더!

2012년 창업 30주년을 맞은 패션그룹 형지는 재벌그룹도 아니면서 불황 가운데 오직 패션으로만 연간 7천억 매출을 올리는 중견기업이다. 논노와 같은 한때의 대기업도 견디지 못하고 무너진 패션업계는 수많은 브랜드의 난립과 심한 경쟁으로 인해 대표적인 위험한 사업에 속한다.

형지는 1982년 동대문시장에서 있던 '크라운사'가 모태였다. 창업자 최병오 회장은 중학교 1학년때 아버지를 여의고 가정형편이 좋지 않아 삼촌의 옷가게에서 일을 도와가며 학교를 다녀야 했다. 그는 학창시절 공부도 잘 못했고, 상 한번 받아본 적이 없었지만 장사체질임을 확인했다고 한다.

19살이 되던 해 삼촌마저 세상을 떠나자 공고를 갓 졸업한 최 회장은 가게를 떠맡게 된다. 단 1평짜리 지하사무실에 자리한 크라운사를 창업한 것은 30살 때였다. 그리고 지금의 성공을 이루기까지 그가 살아온 원칙은 '영선반보(領先半步)' 즉 남보다 반의 반 발자국 더 앞서는 것이었다.

"꿈을 크게 가져야 합니다. 그리고 꿈에 근면과 실천이 더해지면 이는 정말 금상첨화라고 할 수 있습니다. 남보다 반의 반 발자국만 더 가세요. 한 발자국도, 반 발자국도 아닙니다. 반의 반 발자국! 그것은 절대로 어려운 일이 아닙니다. 반의 반 발자국이 모이고 모이면 정말 대단한 일이 일어납니다."

이에 덧붙여 최병오 대표는 '한결같이 부지런히 일하면 세상에는 어려움이 없다' 라는 뜻의 '一勤天下無難事(일근천하무난사)'를 자신의 인생철학이라고 말했다. 자수성가를 이룬 성공의 비결을 묻는 이들에게 그는 대답한다.

"내가 부족한 점이 많기에 남들보다 덜 자고 더 많이 생각하고 더 많이 노력한 것 밖에 없습니다. 다른 이유를 아무리 찾으려 해봐도 이것들 외에도 생각나지 않네요."

Part 01 기업가정신

우리가 하지 않아서 그렇지, 하면 반드시 된다.

요즘 만나는 사람마다 불경기로 힘들다고 말한다. 경기가 좋지 않다고 해야 할 일을 안 한다면 결코 불황의 늪에서 빠져나올 수 없다. 그러나 불황의 한 가운데에서도 돈을 버는 기업, 돈을 버는 장사는 있다. 그들처럼 되려면 어떻게 해야 할까?

먼저 생각부터 바꿔야 한다. 좋은 상품을 저렴한 가격으로 정성껏 판매한다면 고객은 얼마든지 오기 마련이다. 하면 된다. 우리가 하지 않아서 그렇지, 하면 반드시 된다. 스마트한 고객들은 그런 제품과 서비스를 찾고 있고, 한 번 찾아내면 빠르게 성장할 것이다.

한 번 결심한 것은 끝까지 해 보자. 목적지에 다다르면 그 곳에 성공을 만날 수 있다. 불황의 시기를 잘 견딘 사람만이 꿈을 실현하고, 새롭게 도약을 할 수 있다. 용기를 잃지 말자. 힘을 내자. 불굴의 투지와 끊임없는 도전정신으로 성공신화를 만든 MK를 배우자.

>> 하면 된다. 먼저 부정적 패배주의에서 벗어나
도전하자. 도전하는 자에게 기회는 그 문을 열고 맞아들인다.

비밀 : 2

현재에 집착하는 기업은
발전할 수 없다.
항상 변화해야 한다.

한때 노키아는 핀
란드 전체 국민
총생산(GDP)
의 2/3를 차지할
만큼 글로벌 대기
업이었다. 2G 이동
통신의 시대에 노키
아는 세계최대의
핸드폰 제조기업이었다. 아무도 세계최대의 통
신기업이었던 이 회사의 승승장구를 의심치 않

았다. 그러나 현재의 성공을 자만한 나머지 3G에 대한 대응을 소홀히 했고, 지금 세계를 휩쓸고 있는 스마트폰에 대해서는 가능성을 저평가했다. 결국 노키아는 10만명이 넘는 사원을 감원해야 했고, 핀란드는 한 회사의 오판 때문에 국가경제가 흔들리는 고통을 겪었다. 노키아는 뒤늦게 회사의 운명을 건 고통스러운 변신에 뛰어들어 힘겨운 싸움을 벌이고 있는 중이다. 스마트폰 시대에 아직도 노키아의 이름을 기억하고 있는 고객은 별로 많지 않다.

Part
01 **기업가정신**

달라야 한다. Be different.

좋은 조건을 가졌다고 반드시 성공
하는 것은 아니다. 돈이 있으면, 땅이 있
으면, 인맥이 있으면 성공할 수 있다고 말하지
만 사실은 그렇지 않다. 미국의 경우 100년 전의
100대 기업 중 지금까지 살아남은 기업은 8개에 불과하
다고 한다.
사회는 점차 능력 위주로 가고, 일에 대한 결과는 냉혹히 평가받
는 시대가 되었다. 만일 과거처럼 거품경제가 다시 올 것이라고 생각한
다면 이는 큰 착각이다. 지나간 거품경제를 그리워하기 때문에 불경기인
것이다. 앞으로 호황은 없다고 생각하자. 회사가 일어서느냐 쓰러지느냐
는 경영자의 노력에 달려있다. 노력해서 성취하지 않으면 아무 것도 얻
을 수 없다. 도전하자. 변화하자, 그리고 성공하자.

호황은 다시 오지 않는다. 호황은 만들어야 오는 것이다. 유명한 미래학자 앨빈 토플러는 이렇게 말했다. "미래는 아직 오지 않은 것이 아니라, 아직 만들지 않은 것이다."

친절과 인사만
잘해도
세계최고가
된다
—

(비밀 : 3)

저렴하고, 품질 좋고,
친절하면 고객이 늘어난다.
이것이 서비스다.

서울 거리에는 길을 마주보고 스타벅스, 카페베네, 커피 빈, 홀리스, 엔제리너스 등 여러 개의 유명 커피숍들이 마주보고 경쟁하는 곳이 많다. 유동인구 많은 곳에 집중배치 전략을 쓰기 때문이다. 심지어 스타벅스는 바로 인접하거나 마주 보는 건물에도 매장을 낸다. 강남 어딘가에 비슷한 위치에서 마주 보는, 같은 브랜드의 가맹점인 커피숍이 두 개 있었다. 그런데 한 곳은 손님들이 줄을 서는 반면 다른 곳은 손님이 별로 없었다. 심지어는 잘 되는 집에서 커피를 사들고 한가한 다른 집의 테이블에 앉아서 수다를 떨며 시간을 보내는 손님까지 생겼다.

Part
01 기업가정신

친절한 사람이 세상을 정복한다.

왜 똑같은 물건을 팔아도 잘 팔리는 가게와 팔리지 않는 가게가 생기는 걸까? 한 집은 장사가 잘 되는데 다른 집은 장사가 잘 안 된다면 왜 그럴까? 바로 <u>서비스의 질이다.</u> 같은 상품을 팔더라도 서비스의 차이에서 손님이 나눠지는 것이다. <u>장사는 서비스의 질을 높인 사람이 성공한다. 서비스의 질을 높이려면 가능한 일찍 할수록 좋다. 지금 해야 할 것을 나중에 한다면 늦는다.</u>

 장사는 서비스의 질을 높이는 것이다. 먼저 고객에게 이미지를 심는 쪽이 이긴다.

비밀 : 4

경영자는 늘 현장을
지켜야 한다.
고객의 목소리에 귀를
기울여야 한다.

여기
현장맞죠?

총알이 빗발치는 전쟁터에서 소대
장이 외친다. "전 대원, 돌격 앞으
로!" 이때 소대장이 가장 먼저 참호
밖으로 뛰쳐나가지 않는다면 소대원
어느 누가 그 뒤를 따르겠는가? 한국
의 기업들은 사회적으로 인정을 받지
만, 그룹의 오너 일가들은 그다지 존경
을 받지 못한다. 심지어는 재벌 총수 가운데 전
과자 아닌 사람을 찾아보기 어려울 정도다. 안

타까운 현실이다.

총리나 장관들의 경우 인사청문회를 할 때마다 숨겨진 비리가 드러나 망신을 당하는 경우가 다반사다. 박근혜 정부는 출범 3개월만에 인사 잘못 때문에 대통령이 직접 대국민 사과담화를 발표할 정도다.

반면 영국의 귀족들이 부와 명예를 누리면서도 서민들의 질시를 받지 않는 이유는 무엇일까? 간단하다. 귀족의 아들들이 앞장서 군대에 갔고, 전쟁터에서 훨씬 많이 전사했기 때문이다. 엘리자베스 2세 여왕이 차량 정비병으로 참가한 2차대전 이후에도 찰스 왕세자의 동생 요크 공작은 해군 헬기 조종사로 포클랜드 전쟁에 참전했고, 찰스 왕세자의 아들 해리 왕자는 아프가니스탄 전쟁에 참전했다.

미국의 경우 아이젠하워 대통령의 차남 존은 포로로 잡히면 자살하겠다는 서약서를 아버지에게 제출하고 한국전쟁에 참전했으며, 당시 미8군 사령관 제임스 밴플리트 장군의 아들, 당시 중국 최고지도자 마오쩌둥의 아들은 한국전쟁에서 전사했다. 심지어는 구 소련의 독재자 이오시프 스탈린도 2차대전 당시 아들을 최전선으로 보냈다.

기업가는 현장에 있을 때 그 능력이 드러난다. 현장에 있어야 고객의 목소리가 들리기 때문이다. 현장을 살펴야 문제점을 발견하는 것은 물론 해결방법도 보인다. 기업이 어려운가? 팀이 어려운가? 답은 최일선 현장에 있다.

친절과 인사만
잘해도
세계최고가
된다

Part
01 기업가정신

독려와 칭찬이 강한 리더십이다.

 MK택시 유봉식 창업자는 아침 일찍 출근하는 것으로 유명했다. 매일 아침 6시 30분이면 출근해서 야간조 기사들이 막 돌아오는 시간에 기사 대기실부터 간다. "운전기사 여러분 안녕하세요? 밤새 근무하시느라 수고 많으셨죠?"인사를 한 뒤 기사들과 대화를 나눈다. 현장의 목소리가 생생하게 전달된다.

7시 30분이면 어김없이 무선센터를 찾아서, 마이크를 잡고 아침인사를 했다. "운전기사 여러분 좋은 아침입니다. 오늘 하루도 고객을 안전하게 모셔다 드리기 바랍니다." 이 방송은 운행중인 택시에 그대로 전달되기 때문에 승차한 고객도 듣게 된다. 인사방송은 아침은 물론 점심과 저녁에도 한다. 경영자가 현장을 떠나지 않고, 직원을 독려하는 것이 MK 리더십이다. 고객의 목소리 역시 직접 고객을 대하는 운전기사들로부터 전달된다. 고객의 목소리에 귀를 기울이는 것은 직원들의 목소리에 대한 관심으로부터 시작된다.

 직원을 독려하는 것이 리더십이다. 그것은 현장에서 함께 할 때 비로소 나온다.

비밀 : 5

변화를 두려워하지 말라.
변화는 기회다.

오래전 어느 마을에 물장수가 둘 살았다. 그들은 먼 호수 로부터 물통에 물을 길어와 마을 사람에게 팔아서 먹고 살았다. 그들의 도구는 두 개의 물통과 그것을 연결하 는 긴 막대였다. 어느 날 마을에 자전거라는 새로 운 물건이 들어왔다. 한 물장수가 자전거를 연습하 다 넘어져 무릎이 깨지고 피를 흘리

안 넘어지고 어떻게 자전거 배워?
물 안먹고 어떻게 수영 배워?

는 것을 본 다른 물장수는 계속 익숙한 대로 걸어서 물을 져다 팔았다.
자전거 타는 법을 익힌 물장수는 자전거에 물통을 싣고 달리기 시작했
다. 하루에 여러 통을 더 실어올 수 있으니 자전거 타는 물장수는 마을
사람들에게 물을 더 싸게 공급할 수 있었다. 걷는 물장수는 얼마 안 가
자전거 물장수에게 고객을 다 빼기고 마을을 떠났다.

세계최고
다

Part
01 기업가정신

MK택시를 경영의 교과서라고 말한다

MK택시는 MK식 인사운동을 시작으로 장애인 우선 승차, 택시요금 인하, 구급택시, 영어회화 운전기사, GPS(무선자동배차시스템), 메신저 서비스, 할인회수권 판매, 대행운전 서비스, 기모노 고객 할인 등 고객의 편리와 사회적 봉사, 기사들의 지위 향상과 수입안정을 위해 끊임없이 변신하고 노력했다. 그래서 사람들은 MK택시를 경영의 교과서라고 말한다. 변화를 두려워하지 않고 끊임없이 도전하여 새로운 문화를 만들어 온 것이 바로 MK 역사이다.

>> MK택시는 경영의 교과서다.
끝없는 변화와 혁신이 쉬임없는 성장을 만들었다.

Part
01　기업가정신

비밀 : 6

성공의 법칙은 아주 단순하다.
먼저 베풀면 더 큰
이득으로 돌아온다.

2011년 미주 중앙일보에 80대 백인 노인이 단골이었던 한인 식당 여종업원에게 상당액의 유산을 남겼다는 기사가 떴다. 자신을 가족처럼 대하며 친절하게 대해준 데 대한 보답이었다. 은퇴 후 혼자 살던 척(Chuck) 할아버지가 매일 아침 C카페를 찾은 이유는 따뜻한 가족애를 느낄 수 있었기 때문이다. 대학 졸업 후 부모님의 식당에서 웨이트리스로 일을 돕던 큰딸은 그를 친할아버지처럼 대했다. 병원에 가야할 일이 있으면 먼저 나서서 운전을 해 병원까지 함께 가드렸다. 몇 시간이고 기다렸다 다시 집까지 모셔 오기도 했다. 척 할아버지에게 박씨네 큰딸은 가족 이상의 존재였다. 척 할아버지가 세상을 떠난 후 몇 달 뒤 아직 슬퍼하던 그녀에게 변호사 사무실에서 전화가 걸려왔다. 척 할아버지가 편지와 함께 유산의 일부를 상속했다는 것이다. 어머니 박씨는 "생각지도 못한 전화를 받아 모두들 많이 놀랐었다"며 "딸은 특히 무엇을 바라고 한 일도 아니고 자신이 대단한 일을 한 것도 아니라고 생각해 아무한테도 알리고 싶어하지 않는다"고 전했다.

친절과 인사만
잘해도
세계최고가
된다
———

 기업가정신

친절은 인사에서부터 시작이다.

인사는 사람들의 마음을 열어주는 열 쇠다. 인사는 커뮤니케이션의 시작이 며, 친절의 근본이다. MK택시는 인사 를 시작으로 고객에게 친절과 서비스 를 베풀기 때문에 계속해서 MK택시를 타게 되는 것이다. 유봉식 회장은 직원 들에게 늘 이렇게 강조했다. "가게에 가면 100원짜리 물건을 사도 감사하다 는 말을 듣게 되는데, 택시기사들은 왜 인사를 안 합니까? 인사를 하세요. 꼭 인사를 하세요. 운전기사는 손님의 소 중한 생명을 싣고 달리는 땅 위의 파일 럿이라고 자부하세요."

>> 친절은 인사에서부터 시작된다.
그 다음은 굳이 바라지 않아도
저절로 따라온다.

비밀 : 7

경영자는 직원들에게
자부심을 갖게 해야 한다.

내가 인간을
달에 보내는
위대한 일을…

옛날, 유교에서는 직업
에 귀천이 있다고 하여
사농공상(士農工商)의 서
열을 매겼다. 관료와 학자
가 최상위이고 오늘날로
치면 '서비스업 종사자'
인 장사치는 노비, 광
대, 백정 등 천민 바로 위에
놓았다. 그러나 요즈음 우리나라의
초등학교 고학년 학생들에게 꿈을 조사

해보면 남학생의 경우 프로게이머, 여학생의 경우 연예인이 1위라고 한다. 연예인은 150년만 거슬러 올라가도 광대 아니었던가?

지금은 직업에 귀천이 없다고들 한다. 3D 직종이란 말도 있지만, 울산 현대중공업의 경우 생산직의 비율이 가장 높은 회사임에도 불구하고 평균연봉이 7,800만원을 넘는다. 반면 중소기업 사무직은 연봉 2,000만원 이하도 제법 많다. 그러나 그보다 더 중요한 것은 부모세대가 그렇게 직업을 가리지 아니하고 돈을 벌어 사랑하는 자식들을 먹이고 입히고 재우고 가르쳤다는 사실이다.

미국에서 케네디 뒤를 이어 대통령이 된 린든 존슨이 미국의 우주과학을 책임지는 우주항공국(NASA)를 방문했을 때였다. 당시 우주항공국(NASA)는 소련보다 우주인을 더 먼저 달에 보내는 아폴로 프로젝트를 한참 진행하는 중이었다. 한 젊은 청소부가 신나게 휘파람을 불며 바닥을 닦고 있는 것을 본 대통령은 기분이 좋아져서 슬그머니 말을 걸었다.

"내 지금까지 당신처럼 유쾌한 청소부는 본 적이 없네."

"웬걸요, 미스터 프레지던트. 저는 청소를 하고 있는 것이 아니라 인간을 달에 보내는 위대한 일을 돕고 있는 중입니다."

나의 미래의 직업은 MK택시기사 입니다.

초등학교에 입학하면 학생조사부에 부모 직업을 쓰게 되는데, 직업을
택시 운전기사라고 쓰기 부끄러웠던 때가 있었다. 택시 기사 아내들도
이웃사람들에게 남편의 직업을 택시 운전기사라고 차마 말하지 못했던
시절이 있었다. 지금은 당당히 말할 수 있고, 당당히 쓸 수 있게 되었다.
아이들이 작문시간에 미래의 꿈을 적을 때 MK택시 운전기사가 되고 싶

다는 글이 나올 만큼 존경받는 직업이 되었다. 사회는 물론 초등학생까지도 MK택시를 높이 평가하고 있는 것이다. 택시기사로서의 자부심을 갖게 된 것이다. 현재 MK택시에는 아버지와 아들 그리고 형제가 함께 일하는 가정이 많다. 그만큼 MK택시는 사회적 기업으로 인정받고 있으며, 가족들의 신뢰와 사랑을 받으며 성장하고 있다.

>> 미래의 직업은 MK택시기사라고 쓰는 일본 어린이들. MK는 택시기사라는 직업에 긍지를 불어넣었다.

비밀 : 8

월급을 많이 주고,
주택을 마련하도록 도와주고,
가족과 행복함을 주는 것,
그것이 복리후생이다.

싱가포르는 1959년 독립후 공무원의 월급을 싱가포르 국내에서 가장 많이 주는 회사보다 더 많이 주기로 했다. 그래야 인재들이 정부로 몰려올 것이고, 이 인재들로 새로 태어난 나라를 이끌고 나가겠다는 계획이었다. 월급을 많이 주는 대신 공무원의 부정부패는 아무리 작은 것이라도 가차없이 큰 벌을 내렸다. 싱가포르의 행정투명성과 청렴지수가 그 어느 곳보다 높은 이유다. 주변의 다른 나라들이 모두 부정부패로 인해 정부가 경제발전의 발목을 잡고 있을 때 싱가포르 정부는 최고의 생산성을 자랑하는 행정을 펴서 세계의 부러움을 받아왔다.

친절과 인사만
잘해도
세계최고가
된다

Part
01 기업가정신

독특한 급여체제 MK시스템을 도입

MK택시는 1969년, 아주 독특한 급여체제 MK시스템을 도입했다. 택시기사의 급여를 은행 지점장급으로 올리겠다는 목적이다. MK시스템은 회사의 이익을 운전기사의 수입에 직접 반영시켜주는 제도로 투명한 관리와 철저한 경비절감이 주된 내용이다. 매월 모이는 전원업무회의가 큰 역할을 했다. MK시스템은 운전기사들의 제복부터 차 수리비까지 모든 비용을 자기가 부담하고, 절약한 수익은 본인의 수입에 반영되도록 한 제도다. 스스로 주인의식을 가지고, 경영자의 관점에서 영업에 임하도록 한 것으로 궁극적으로 서비스를 향상시키고 사고 감소로 이어져 운전기사들의 수입이 크게 올랐다. 비용절감으로 급여를 올린 것이다.

 독특한 급여체제 MK시스템은 기사들을 단순한 택시운전자에서 경영마인드를 가진 리더들로 변신시켰다. 경영 마인드를 가지게 된 기사들은 회사 전체를 변화시켰다.

Part
01 기업가정신

비밀 : 9

사업가는 경영철학이
있어야 한다.
바른 길로 가겠다는 신념과
의지가 필요하다.

경기도 양주시에 위치한 조명전문회사 필룩스
의 신년회는 독특하다. 28개의 각 부서가 돌아
가면서 외부의 손을 빌리지 아니하고 부서원들
이 직접 만든 비디오로 신년사업계획을 발표하
게 되어있다. 하루 종일 이어지는 이 행사를 통
해 각 분야의 전문적인 부서들은 다른 부서들
이 무슨 일을 어떻게 해서 회사의 전체를 구성
하는지 이해한다. 그리고 자신의 부서가 어떻
게 유기적으로 타 부서와 협업을 추구해야 하

일년동안 이날을 위해 살았다고요!

는지에 대한 이해를 갖게 된다. 물론 회사는 전체의 방향과 결산 등을 각 부서와 공유하게 된다. 불황 중에도 성장을 계속하는 비결중 하나다.

이 회사의 노시청 회장은 직원들의 창의성을 회사 발전의 비결로 보고 은행통장과 똑같이 생긴 아이디어 통장을 만들어 나눠주었다. 아이디어가 실제 채택되어 회사에 기여한 사람에게는 확실한 인센티브를 챙겨준다. 전직원이 참석하는 이 신년사업계획 프레젠테이션은 회장의 경영철학과 사원들의 창의성이 어우러지는 축제와도 같은 자리다.

전 직원 월 1회 전원업무회의에 참석

MK택시는 모든 직원들이 월 1회 2시간씩 전원업무회의에 참석해야 한다. 근무 중인 운전기사들에게 편리한 시간에 참석할 수 있도록 각 영업소를 돌아가면서 회의를 개최한다. 전원업무회의에서는 회사의 수익과 비용을 모두 공개한다. 회사의 자금관리 상황과 경영 등을 투명하게 관리하고 낱낱이 발표한다. 뿐만 아니라 운행사고 원인규명과 각종 계약 및 해약내용, 경제적인 차량관리방법, 세차할 때 물을 절약하는 방법, 주행 시 급발진 및 공회전을 금지시켜 연료를 절약하는 방법, 교차로에 저속 진입, 타이어 마모 감소를 위한 주행방법 등도 교육한다. 오늘날 MK택시 노사가 하나가 될 수 있었던 것은 바로 전원업무회의 영향이 크다.

 MK는 전 직원 월 1회 전원업무회의 참석을 통해 전 사원이 같은 방향으로 목표와 실천을 공유하여 시너지를 낸다. 머리 따로 손발 따로 놀아서는 회사가 성장할 수 없다.

비밀 : 10

소비자에게 환영받는
기업은 쓰러지지 않는다.
소비자가 계속 찾아주는
기업은 망하지 않는다.

첫 고객은
직원과 부인

스푸글러(SPoogler)라는 말을 들어보
았는가? Spouse+Partner+Googler
가 합쳐진 용어로 구글러
(구글 직원)의 배우자, 동
거인을 의미하는 회사 내
부용어다. 구글은 전세계에
서 가장 일하고 싶은 회사 1
위로 꼽힌다. 구글러들은 회
사 건물을 '캠퍼스'라고 부

른다.

캠퍼스에서는 아침·점심·저녁 식사가 모두 공짜다. '밥 먹기 위해 더 일찍 출근하고 더 늦게 퇴근한다'는 구글러들도 있다. 저녁 식사는 집에 포장해 갈 수도 있다. 혼자 저녁 식사를 해야 하는 독신자나 장 볼 시간을 내기가 쉽지 않은 맞벌이 부부, 갓 출산한 아내를 둔 구글러를 위한 배려다. 한 스푸글러는 퇴근하는 남편에게서 매일 다른 종류의 스테이크와 샐러드·생선요리 등이 담긴 도시락을 받아들면서 가끔은 구글이 회사인지 복지단체인지 헷갈렸다고 한다.

글로벌 기업인 구글의 직원들은 업무에 따라 여러 나라의 지사를 옮겨다니며 근무하는 경우가 많다. 낯선 외국 생활은 구글러에게는 물론 함께 사는 가족에게도 스트레스다. 구글이 진출한 나라별로 스푸글러 그룹을 만들어 이들의 정착을 물심양면 지원하는 이유다. 정기적으로 저녁 식사 모임, 커피 모임, 공동육아 모임, 여행 모임 등을 연다. 이 행사를 '소셜 TGIF'로 확대해 구글러의 가족 및 친구에게도 문을 연다. 곳곳에 게임 룸, 미끄럼틀, 실내 간이 축구장 등을 갖춰 놀이동산을 연상시키는 구글 오피스는 아이들에게 특히 인기다.

"구글은 직원의 행복을 가장 중요하게 생각하며, 그것은 곧 가족의 행복과 연결돼 있다는 것을 알고 있다." 이것이 구글로 세계 최고급 인재들이 모이는 이유다.

친절과 인사만
잘해도
세계최고가
된다

Part
01

내조의 힘, MK부인의 역할

MK택시는 1970년, MK부인회를 결성하여 남편들의 택시운행과 영업에 큰 힘을 더했다. 사고를 감소시키고, 서비스 향상을 통해 일에 대한 보람과 수익증대로 가정의 안정화를 추구했다. 매월 MK부인회를 개최하여 전원업무회의처럼 회사의 경영방침을 설명하고, 가정의 협조가 있어야 가장이 일을 잘 할 수 있다는 사실을 알렸다. 무엇보다 가정이 안정되지 않으면 택시영업의 수준이 높아 질 수 없다는 점을 부각시켰다. 지금은 부인회 회원 수가 늘어 매월 개최하고 있지 않지만 부인회의 역할은 변함없다. <u>MK택시에는 세 조직이 있다. 회사, 노동조합, 부인회다.</u>

 제1의 고객은 직원과 그 가족이다. 내조의 힘이 사원과 회사를 북돋아 세웠다. MK부인회는 MK를 일하고 싶은 회사, 가족이 자랑스러워 하는 회사로 만들었다.

Part
01 기업가정신

비밀 : 11

소프트웨어
세상이
올줄 알았지

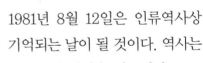

새로운 시대는 한 사람의
선견지명과 그의 용기 있는
실천으로 시작된다.

1981년 8월 12일은 인류역사상
기억되는 날이 될 것이다. 역사는
최초의 개인용 컴퓨터가 1974
년 나온 Altair8800라고 기록
하고 있지만, 그 이전에 거대연
구소나 대학, 군, 정보기관에서
나 쓰던 대형컴퓨터를 개인이 이용한다는 것은
불가능해 보였다. 당시 컴퓨터산업의 최강자
IBM이 1980년 16비트 개인용 컴퓨터를 만들
기로 결정하였고 최초의 개인판매용 IBM PC
가 생산된 날이 바로 이날이다.

물론 개인용 컴퓨터를 처음으로 대중화된 개념으로 만들어낸 것은 스티브 잡스이고, 또 세상은 퍼스널 컴퓨터의 아버지로 그만을 기억한다. 잡스 이전에는 기계어를 할 줄 아는 엔지니어만이 퍼스널 컴퓨터를 사용할 수 있었다. 잡스는 대학을 중퇴한 채 친구 스티브 워즈니악과 함께 새로운 인터페이스를 적용하여 대학졸업 수준의 사용자라면 충분히 가능한 퍼스널 컴퓨터를 만들어냈다. 그러나 미국인 모두에게 사용가능한 조건으로 양산된 것은 IBM 덕분이라고 해도 크게 문제되지 않을 것이다.

빌 게이츠는 IBM이 하드웨어만 직접 생산하고 운영체제(DOS)를 아웃소싱하여 비용을 절감하기로 하자, 바로 계약해버렸다. 인텔도 그를 따라 칩을 개발해 IBM에 공급하기로 했다. IBM은 이후 시장은 커졌지만 제품의 핵심인 MS-DOS와 프로세서 칩을 사오느라 PC 판매 이익의 대부분을 써버렸고, 결국 21세기 들어서 중국의 레노버(lenovo)에 PC 사업 부문을 매각하고 말았다.

반면 '운영체제의 선점'이라는 선견지명을 보였던 게이츠는 애플 충성파들을 제외한 전 세계의 PC시장을 석권하여 IT의 글로벌 최강자로 우뚝 섰다. 게이츠는 잡스와 함께 세상을 바꾼 사람이 되었고 20년간 미국 최고의 거부로 군림했다. 그는 최근 전 재산을 사회에 환원하기로 서약하는 부호들의 모임인 '더 기빙 플레지(The Giving Pledge)'를 조직하고 회장이 되었다. 그가 지금까지 기부한 금액은 400억 달러(45조원)가 넘는다.

친절과 인사만
잘해도
세계최고가
된다
—

택시 서비스의 선구자 MK택시

MK택시는 1972년, 일본 최초로 장애인 우선승차 서비스를 도입했다. 장애인을 택시에 태우려면 좌석에 앉히고 휠체어를 접어 트렁크에 넣어야 한다. 내릴 때도 같은 일을 반복해야 하는 것은 물론이다. 하지만 이런 불편함에도 불구하고 MK택시는 이 제도를 일본에서 가장 먼저 도입했다. 처음에는 기사들이 반대했지만 경영자의 끈질긴 설득과 노력으로 자신들이 하는 일이 위대한 일이라는 것을 깨달으면서 더욱 확대되었다. 인구 150만의 교토에는 약 4만 명의 장애인이 있다. 모두 MK 팬이다. 장애인 신문에는 이런 기사가 종종 실린다. "교토에 가면 MK택시를 타세요." 노인들도 교토에 오면 MK택시를 기다려서 탄다. "우리 며느리가 교토에 가면 하트 마크가 있는 MK택시를 타라고 했어. 이 차를 타기 위해 10분을 기다렸지. 그래도 나는 적게 기다린 거야. 앞 사람은 20분이 넘게 기다렸어."

장애인 우선 서비스가 시민들로부터 큰 호응을 받자 버스와 전철, 열차도 장애인 우선석, 실버시트 등이 도입되어 사회 전체로 이 운동이 확산되었다. 힘들었지만 옳은 일이었기에 끝까지 밀고 나갔다. 회사 마크도 사랑을 표시하는 하트로 디자인했다. <u>하트는 고객을 따뜻이 맞이하고, 고객을 사랑하며, 진심으로 봉사한다는 3가지 뜻을 담고 있다.</u>

 장애인 우선 서비스는 사실 귀찮고 힘든 일이었지만, 가장 먼저 도입하여 꾸준히 실천하자, 일본 전체가 MK를 따라 장애인 우선 서비스 운동을 하게 되었다.

친절과 인사만
잘해도
세계최고가
된다
—

Part

02

친절과 인사만
잘해도
세계최고

결국은 사람이다

인간은 이기적인 유전자를 타고 났다고 말한다. 자신의 이익을 위해 가장 합리적인 선택을 한다는 것이 경제학의 기본원칙이다.

그러나 인간은 동시에 이타적이다. 어머니는 자식을 위해 무엇이든 아낌없이 베풀고, 자신에게 돌아갈 아무런 이득이 없는데도 진정성을 가지고 가난한 이웃들을 돕는 선한 이웃들이 있다. 소방관은 부상의 위험을 무릅쓰고 불속으로 뛰어들어 인명을 구하며 병사는 조국을 위해 죽음을 각오하고 돌격한다.

독립 당시 국토가 온통 사막뿐이었고, 20배가 훨씬 넘는 인구를 가진 종교가 다른 적국들에게 둘러싸였던 이스라엘은 오늘날 세계적인 농업국가이자 과학기술산업국가로 우뚝 섰다. 6.25 한국전쟁이 휴전을 맞은 후 전쟁의 폐허뿐이었던 대한민국은 세계에서 두 번째로 못 살던 나라에서 세계 8위의 무역대국으로 성장했다. 두 나라 모두 자연환경도, 천연자원도, 자본도 없었다. 그들에게 있었던 것은 오직 사람뿐이었다. 반면, 60년전 한국과 최빈국 1위를 다투었던 인구 11억의 대국 인도는 지금도 1인당 국민소득이 1천 달러를 넘지 못해 한국과는 20배 이상의 차이가 벌어졌다. 풍부한 자원과 부유한 자본이 있더라도 결국 사람이 없으면 성공하지 못한다. 나머지 둘은 수동적으로 이용되는 존재이고, 사람은 창의적으로 그것을 활용하는 능동적인 존재이기 때문이다.

비밀 : 12

경험이 없는 것이 차라리 낫다.
요령을 부리지 않기
때문이다.

어디에 쓰는
물건인고?

한 자동차정비 전문회
사에서 새로운 고가의
장비를 들여왔
다. 사장은 이 장
비를 통해 자신의
회사가 인근 지역
최고의 정비공장
이 될 것으로 확신하
고, 이에 걸맞는 엔지니어를 데려오기를 원했
다. 비싼 몸값을 지불해가면서 먼 지역에서 오

랜 경력을 가진 최고의 정비전문가를 데려와 일을 시키는데, 웬일인지 고객들의 불만은 늘어만 갔다. 사장은 결국 경영 컨설턴트를 불러와 원인을 찾아내라고 맡겼다. 컨설턴트는 단 하루만에 이유를 찾아냈다. 새로 들여온 장비는 전자식 자동차의 결함을 진단하는 첨단장비였지만, 기술파트의 책임을 맡은 이 오랜 경력의 정비전문가는 기계식 자동차를 눈으로 살펴 문제를 찾아내는데 익숙한 사람이었다. 그는 그 사실을 깨달았으면서도 사장에게 솔직하게 고백하지 않은 채, 겉으로는 전문가인 척하면서 사실은 차를 예전의 경험에 의존하여 대강 고쳐왔던 것이었다.

친절과 인사만
잘해도
세계최고가
된다

결국은 사람이다

순수하고 열정적이었던
첫 마음이 초심이다.

MK택시는 신입사원을 채용할 때 다른 택시회
사에서 근무한 경력자는 뽑지 않는다. 이는 고
정관념을 갖고 있으면 아무리 교육을 해도 교육
효과를 기대하기 힘들기 때문이다. 차라리 아무
것도 모르는 사람을 뽑아서 교육하는 것이 MK
가 원하는 택시기사를 만들 수 있기 때문이다.
입사 이력서에 화려한 경력이 적혀있는 것보다
비록 경험은 없더라도 배워가면서 몸에 익히는
것이 더 오래간다. 경험이 없거나 잘 모르면 어
떤 요령도 피우지 않고 열심히 배우고 따라 하
려고 애쓰기 때문이다. 경험보다 중요한 것은
처음 마음을 지키는 것이다.

 순수하고 열정적이었던 첫 마음이 초심이다. 쉽
지 않은 일이지만 초심을 잃지 말아야 한다.

비밀 : 13

사람은 머리가 아니라
마음으로 움직인다.
마음을 움직이는
교육을 하라.

프랑스의 한 마을 한 거리에 마주보는 두 개의 빵집이 있었다. 학창시절부터 서로 지고는 못 사는 두 주인은 빵집 경영에서도 경쟁을 불태웠다. 인테리어도 바꾸고 포장지도 바꾸고 솜씨 좋다는 제빵사도 스카우트해왔다.

무한경쟁이 마지막으로 치달을 무렵, 한 빵집에서는 비싼 비용을 들여 미인대회 출

신의 젊은 여성을 데려와 판매사원으로 내세웠다. 다른 빵집은 이미 자원을 다 소진해버린 터라 거기까지 대항할 방법이 없었다. 그저 그렇게 생긴 그집 딸이 아빠를 도와주겠다고 나섰다. 결과는 거의 뻔해보였다. 하지만 사람들의 예상과는 달리 화려한 웃음으로 환영하는 미녀판매원이 있는 빵집보다 동네출신 주인 딸이 판매하는 빵집이 갈수록 장사가 잘 되는 게 아닌가? 비결은 다른 것이 아니었다. 자기 아들 딸의 친구이자 동네 친구의 딸인 그녀가 집안 사정을 속속들이 알면서 건네는 인사, 이를 테면 "고양이 새끼는 잘 커요?", "알랭은 이제 침대에 쉬하는 버릇 고쳤어요?", "조르주는 앙금빵을 좋아하니 이거 하나는 제가 주는 우정의 선물이에요." 이런 진심을 담은 응대에 사람들의 마음이 움직인 것이다.

장사를 하려면 머리를 숙여야 한다.

"친절은 인사부터 시작합니다. 손님에게 감사를 전할 때는 바로 표현하세요. 인사나 감사는 생각한 후에 행동에 옮기면 늦습니다. 서비스 업종에서 일하는 사람들은 머리 숙이는 것을 부끄러워해서는 안 됩니다. 머리를 숙인다는 것은 조금도 부끄러운 일이 아닙니다. 고객에게 감사를

표시하지 못하면 진정한 프로 택시기사가 아닙니다.?? 유봉식 회장은
인사의 중요성을 이렇게 강조했다. 어차피 해야 할 것이라면 바로 실천
하는 것이 중요함을 일깨운 말이다. MK는 택시사업을 운송업이라고
생각하지 않고 서비스업이라고 본 것이다.

>> 장사를 하려면 머리를 숙여야 한다. 마음을 먼저 열게 해야 지갑이 나중에
열리는 법이다.

Part
02   결국은 사람이다

비밀 : 14

교육과 훈련으로 숨은
잠재능력을 발굴하라.

물고기는 알에서
깨어 나 자마자
헤엄을 친다. 사
슴은 태어나서 어미가
온몸을 핥아주고 나면 다리에
힘이 생겨 바로 걷고 뛴다. 사람은 거의 돌이
되어야만 말도 하고 아장아장 걸음마를 한다.
호랑이는 두 살이 넘으면 바로 혼자 사냥을 하
며 독립생활을 한다. 사람은 20년을 훌쩍 넘어
대학까지 졸업시켜도 독립생활을 못하는 경우

도 많다. 이렇게 불완전한 인간이 어떻게 만물의 영장이 되었을까?

태어날 때 미완성이라는 것은 이후의 삶의 과정을 통해, 교육과 훈련을 통해 더욱 많은 가능성을 가졌다는 것을 의미한다. 배우고 익힌 다음에 하고자 하는 의욕이 더해졌을 때 미완성 상태로 숨어있던 인간의 잠재능력은 놀라운 결과를 가져온다. 치타보다 빠를 수 없는 인간은 시속 300km로 달리는 스포츠카를 만들었고, 새처럼 하늘을 날 수 없지만 초음속 비행기를 만들었으며, 물고기처럼 물속에서 숨을 쉴 수 없지만 잠수함을 만들었다.

Part
02 **결국은 사람이다**

직원은 기업에 가치이며, 소중한 자산이다.

금융위기가 일본을 덮쳤을 때의 일이다. MK택시마저도 은행에서 돈을 빌리기 어려웠을 때, 유봉식 회장은 운전기사들을 모여 놓고 이렇게 부탁했다. "금융파동으로 은행에서 돈을 구하기 어려우니 하루 30분만 더

일해 주십시오." 그렇게 해서 한 사람당 최저 매상이 1만 원이나 올랐다. 1천 명이면 하루 1천만 원, 한 달이면 3억 원이다. 1년이면 36억 원, 10년이면 360억 원이란 돈이 모이게 된다, 이 돈은 이자도 필요 없고, 누구에게 머리를 숙이지 않아도 되는 돈이다. 회사가 힘들 때 가장 힘이 되는 존재가 바로 직원이다. 그래서 MK는 직원들을 소중한 사업의 협력자(파트너)라고 생각한다. MK의 자산은 직원이다.

>> 직원은 기업의 가장 소중한 자산이다. 그들의 잠재능력은 숨겨진 자산이다. 그것을 현실화시키는 것은 교육과 훈련, 모티베이션이다.

Part
02 결국은 사람이다

비밀 : 15

무슨 일이든 열심히 하면
지지자가 나타난다.
사업에서 지지자는 고객과
직원의 힘이다.

1988년 청량리 역전에서 사흘간
밥을 굶고 쓰러져있는 노인을 발견
한 최일도 전도사가 라면을 대접
한 것에서 시작된 것이 '밥퍼' 운
동이다. 이후 최일도 목사는 청량
리 청과시장 쓰레기더미에서 간이
식당을 열고 가난한 사람들에게 무
상으로 밥을 주게 된다. 가난 구제는
나라도 못한다면서 언제까지 가겠느냐

고 냉소하는 사람들이 많았다.

그러나 최일도 목사는 포기하지 않고 꾸준히 밥을 나누었고, 이것을 본 이웃들과 근처 교회들이 힘을 보탰다. 점점 지지자와 후원자들이 소리없이 계속 늘어 무료진료를 해주는 다일천사병원도 설립하게 된다. 1999년에는 중국 밥퍼공동체, 2002년 베트남 밥퍼공동체, 2004년 캄보디아 밥퍼공동체를 열어 널리 세상의 밥 굶는 사람들에게 삶의 희망을 던져주고 있다. 벌써 25년 넘도록 밥퍼공동체는 굶어죽을 위기에 처한 사람들에게 생존의 가능성이다.

감동받은 사람들의 편지 쇄도

MK택시가 신체장애인을 우선 승차시 킨다는 내용이 일본내 언론과 방송을 통해 알려지면서 교토에 관광차 온 많은 사람들이 MK택시를 타고 싶어 했다. 특히 특수학교에 다니는 신체장애인 학생들이 교토로 수학여행을 와서 MK택시를 타고 기사들의 정성스런 서비스에 감동되어 여러 통의 감사 편지를 보내왔다. 그중 어느 교사가 쓴 편지내용은 이러했다.

"우리 학교는 학생 수가 적어 수학여행을 할 때 관광버스를 이용하기 어려웠습니다. 그런데 MK택시를 이용하면 가격도 저렴하고 학생들도 편하다는 사실을 알았습니다. 기사 분들이 너무 친절하게 장애가 있는 아이들을 이해해 주시고, 재미있게 안내해 주신데 깊이 감사드립니다. 다음에도 꼭 MK택시를 이용하고 싶습니다." 무슨 일이든 열심히 하면 지지자가 나타난다.

이렇게까지 할 필요가 있을까 하는 일도 있다. 그러나 그것이 진정성을 가졌다면, 또 변함없이 꾸준하다면 마침내 공감하는 사람들이 생겨난다. 감동받은 사람들의 편지 쇄도는 그 증거다.

Part
02 결국은 사람이다

비밀 : 16

우리의 자본은 직원이다. 돈으로 평가 할 수 없는 귀한 가치를 지닌다.

묻힌 돈보다
묻힌 생명을
찾아라

탑전자산업이라는 회사는 세계에서 재난이 발생하는 날 가장 바빠진다. 아직도 기억이 생생한 인도네시아의 쓰나미, 중국 쓰촨성의 대지진, 이란 대지진, 캐슈미르 대지진 등 중대한 사태가 발생하면 바로 장비를 챙겨 긴급출동한다. 이 회사가 만드는 생산품목중 하나가 인명구조장비인 탑시스템이기 때문이다. 길도 끊기고, 물도 없는 열악한 곳에서 탑전자산업의 구조팀은 건물 잔해 속에 갇혀있던 생존자를 찾아내 수십명의 인명을 구해냈다. 물론 이 일은 돈이 되기는커녕 계산상으로만 보면 회사에 손해가 되는 일이다.

이 회사의 주된 품목은 관로내 조사장비 및 수처리 장비다. 중국의 산업박람회에 참가했을 때 대만의 리덩후이 총통이 대만 지진때 이들의 구조활동에 대해 감사장을 증정한 것을 안 바이어가 다른 회사와 계약하려던 것을 마음을 바꿔 이 회사에 발주를 냈다. 물론 이런 것을 바라고 한 것은 아니지만, 이 회사는 수요가 많지 않아 회사에 부담을 주는 인명구조장비의 연구와 생산을 앞으로도 결코 포기하지 않을 것이다.

자신도 죽을 수 있는 위험한 현장에서 이런 일에 쓰일 수 있는 회사의 제품을 가지고 최선을 다해 일하는 경영자와 직원, 그들이야말로 탑전자산업의 가장 큰 자산이다. 사람을 살리는 일에 아까지 않았더니 세계가 인정하고 고마워하는 강소기업이 되었다.

친절은 성공의 열쇠다.

1970년대 오일쇼크 당시 유봉식 회장은 회사에 급전이 필요해 10억 원을 빌리기 위해 은행에 갔다. 그런데 은행장은 유회장을 만나자마자 먼저 MK택시 이야기를 꺼냈다. "지난주 일요일, 쇼핑을 하고 택시 정류장 맨 앞줄에서 서서 택시 오기를 기다리는데, 때마침 MK택시가 오더군요. 그런데 고객을 내려주고는 바로 유턴을 해버리지 뭡니까? 택시가 왜 저러지 하면서 그 택시가 간 쪽을 돌아다보니, 그 MK택시 운전기사가 신체 장애인을 안아서 태우고, 휠체어를 접어 싣고 떠나는 것이었습니다. 그 장면을 본 많은 사람들이 감동했지요. MK택시는 참 좋은 일을 하고 있구나." 은행장의 감동으로 MK택시는 은행장으로부터 당초 10억보다 두 배 많은 20억 원을 빌릴 수가 있었다. 사회적 봉사는 돈으로 평가 할 수 없는 소중한 가치다.

》》 사회적 봉사는 소중한 가치다. 눈에 보이지 않지만 고객의 마음에 조용하고 은근하게 스며들어 진실의 순간에 위력을 발휘한다.

Part
02 결국은 사람이다

비밀 : 17

교육을 반복하면
훈련이 된다.
　　훈련을 반복하면
　　습관이 된다.

어느 우익 독재국가에서 있
었던 일이다. 민주화운동을
하던 학생조직에서 한 고등학생
이 체포되었다. 공산군과 대치
하던 상태라 공안은 그와 그의
조직에게 공산당과 내통했다는
죄목을 씌워 일망타진할 생각을
가지고 있었다. 첫 조사를 받고 유치장으로 돌
아온 그에게 갑자기 한 선배의 말이 떠올랐다.

"체포되는 순간부터 먹고, 싸고, 자는 시간만 제외하고는 '아닙니다, 모릅니다'를 무한반복해라. 그러면 너도 살고 다른 사람들도 산다."

다음날부터 그에게 가혹한 고문이 가해졌다. 몽둥이찜질은 기본이고, 물고문, 전기고문, 통닭구이, 칠성판에 잠을 재우지 않는 고문도 가해졌다. 보통 고문의 공포도 공포려니와 제정신이 아닌 상태에서 물으면 대개 술술 불게 되어있다고 한다. 그런데, 수만번 반복한 '아닙니다, 모릅니다'는 제 정신과 기절의 사이 어딘가에서도 자연스럽게 흘러나왔다. 결국 어린 학생에게 고문을 가해 공산군과 엮으려는 그들의 기도는 실패로 돌아갔고, 세월이 흐른 뒤 그 나라는 마침내 독재정권을 몰아내고 민주화에 성공했다.

Part 02 결국은 사람이다

순간에 최선을 다하라

MK택시는 신입사원 연수가 매우 엄격한 것으로 유명하다. 다른 택시회사들은 10일 이하 교육에 그치지만 MK택시는 14일을 한다. 특히 목소리가 크지 않으면 운전을 하지 못하게 한다. 때로는 신입사원을 데리고 교토 시내로 가서 대중 앞에서 큰소리를 내게 한다. 사가(社歌)도 부르고, 우리의 신념도 낭독시킨다. 창피하다고 느끼는 신입사원은 중도에 그만 둔다. 이 과정에서 적지 않은 인원이 탈락한다. 하지만 가능성이 있는 사람만 남기 때문에 사원들의 수준은 점점 높아졌다. 무엇이든 결심을 했으면 끈질기게 계속하는 용기가 필요하다. 교육을 계속해서 했는지 안했는지에 따라 큰 결과로 나타난다. <u>교육을 반복하면 훈련이 되고, 훈련을 반복하면 습관이 된다.</u>

 엄격한 신입사원 연수가 MK택시의 힘이다. 새로운 것을 하려면 새로운 사람이 필요하고, 새로운 사람에게는 새로운 정신, 새로운 습관이 필요하기 때문이다.

Part
02 결국은 사람이다

사회에 봉사하라.
그것은 곧 자신을 위한 일이다.

한국유리의 설립자인 고 최태섭 회장은 젊
은 시절 만주 봉천에서 공장을 해서 큰 돈을 벌

었다. 대부분의 중국인 직공들이 도시락도 없이 점심을 굶는 것을 보고 최초로 전 직원에게 무료로 점심식사를 제공했다.

태평양전쟁에서 일본군이 항복하자, 그곳에는 중국 공산군이 밀려들어 왔다. 공장주, 건물주, 상인들을 악덕자본가로 몰아 체포하고 고문을 가하는 한편, 인민재판에 회부해 사형에 처하고 재산을 몰수하는 일이 날마다 벌어졌다. 최태섭 역시 체포당해 모진 고초를 겪고 인민재판정에 나가게 되었다. 공산당 간부가 그를 고발하는 순간 누군가 소리쳤다. "그는 좋은 사람이오! 다른 공장에서 굶기고 일할 때 유일하게 우리에게 공짜로 점심을 먹여준 고마운 사람이오!" 그러자 여기저기서 '옳소!' 가 들려오고 그 소리가 점점 커졌다. 일이 틀어진 것을 직감한 공산당 간부는 그를 다시 가뒀고, 그가 고용했던 중국인 노동자들이 밤에 몰래 와서 간수에게 뇌물을 준 다음 그를 빼내 머리를 박박 깎아버린 뒤 중국인 옷을 입혀 탈출시켰다.

간신히 생명을 건진 그는 우여곡절 끝에 월남하여 다시 사업을 일으켰고, 6.25한국전쟁이 끝난 이후 나라를 재건하는데 가장 필요한 건설자재 중 하나였던 유리사업을 맡아 한국의 대표유리기업 한국유리를 세웠다. 그의 회사에서는 단 한번도 노사분규가 일어나지 않았음은 물론이다.

심야 안심서비스

MK택시는 심야시간대에 다른 택시와는 달리 섬세한 서비스를 제공한다. 밤이 깊은 시간 여성이 목적지에 도착해 택시에서 내려도 떠나지 않고 잠시 기다린다. 아직은 택시 서비스가 끝나지 않았다는 것. 혹시 여성에게 무슨 일이 일어날지 모르기 때문에 여성손님이 현관 문 안으로 들어간 후에야 떠난다. 교토의 여성들이 심야에 MK택시를 선택하는 이유도 바로 이 같은 안심서비스 때문이다. 운전만 해서 목표지점까지 대려다주기만 하는 것이 아니라 손님이 차에서 내려 집 안으로 들어갈 때까지 확인해주는 안심서비스는 오래전부터 MK택시가 시행하고 있다. 길이 좁은 시골의 경우 집 앞까지 택시가 들어가지 못하면 멀리서 전조등을 비춰주는 후광(後光)서비스도 마찬가지다. 고객은 작은 것에 감동한다.

 심야 안심서비스는 지역사회에 대한 서비스다. 신체의 안전은 인간의 기본권 중에서도 가장 기본에 속한다. MK는 그 기본권에 맞닿은 부분까지 고객을 섬긴다.

비밀 : 19

경영자여, 교육에 돈을 투자하라. 이 보다 더 확실한 투자는 없다.

미국에서 GE 는 많은 사람들 이 가고 싶어하는 회사다. 동 시에 GE는 빡빡한 사원 교육으로 유명하다. 이 회사의 전 CEO였던 잭 웰치 는 '혹독한 훈련이야말로 회 사가 사원에게 줄 수 있는 최 고의 선물' 이라고 선언했다. GE 에서 매니저 직급 이상 살아남은 사람은 인정을 받아 다른 회사에 더 좋은 조건으로 스카우트되는 일이 많다. 어떤 상황에서건 일정 수준 이상의 성과를 만들어내는 능력을 갖추고 있기 때문이다.

국내에서는 삼성이 그렇다. '인재보국'을 내세운 고 이병철 회장이 창업한 삼성은 다른 어떤 회사보다도 사원교육이 철저하다. 삼성에서 과장급 이상을 하고 나면 회사를 그만 두더라도 다른 회사에서 데려갈 가능성이 높다. 어디 출신이라는 것만으로도 생활이 어느 정도는 보장되는 셈이다.

그러나 이 회사들이 계속해서 탁월한 실적과 남들이 부러워할 만한 기업문화를 가지고 있지 못하면 그 회사 출신들을 믿고 스카우트하겠는가. 교육과 훈련을 통해 능력이 개발된 직원들만이 그것을 지속가능하게 만든다.

택시기사의 영어회화 서비스

MK택시는 1985년부터 영어회화가 가능한 운전기
사를 육성하기 시작했다. 일본문화의 교과서처럼 이
미지가 알려진 교토를 찾는 수많은 영어권 관광객들
에게 영어회화 서비스는 큰 호응을 얻었다. 1990년에
는 영어회화 자격인증시험을 도입했고, 1992년부터는
수준 높은 영어회화를 만들기 위해 영국으로 유학생을
파견하기 시작했다. 지금 MK택시에는 일상 영어회화가
가능한 운전기사가 교토에만 300명이 넘는다. MK택시
기사의 경우 교토에 있는 영국문화원에서 영어를 공부하
고, 시험에 합격하여 면허를 받으면 택시요금 이외에 시간
당 1만원의 통역서비스 요금을 받는다. 영국에 유학을 다녀
온 택시기사는 시간당 2만원을 받는다. 이처럼 자기개발과
영어회화서비스는 택시기사들의 품위를 높이고 더불어 수입
까지 높여주었다. 유태식 부회장은 영어강사로서 직원들에게
영어회화를 가르치기도 했다. 교육에 대한 투자만큼 확실한
투자는 없다.

친절과 인사만
잘해도
세계최고가
된다

서비스 정신

미국의 어느 도시에 친절하기로 유명한 자동차 딜러숍이 있었다. 친절로 성공한 이 자동차 판매점에 어느 날 농장 일꾼처럼 멜빵 청바지를 걸쳐입은 허름한 노인이 문을 열고 들어섰다. 직원은 문이 열리는 소리에 "어서 오세요! 친절한 XX자동차 숍입니다!"라고 반사적으로 인사를 했다. 기분이 좋아져 이 직원에게 다가온 노인은 최고급 스포츠카를 보여달라고 했다. 이 직원은 아무리 보아도 돈이 없어보이는 노인이라 더 친절한 웃음으로 말을 건넸다. "영감님, 영감님께 더 어울릴 만한 차를 저희가 소개해드리겠습니다. 어떠세요?"

잠시 후, 이 노인은 친절한 딜러숍을 떠났다. 그리고 근처에 위치한 다른 자동차 숍에 들어가 3억원이 넘는 수퍼카 2대를 주문했다. 알고 보니 그는 그 일대에서 가장 큰 농장을 소유한 대농장주였고, 아들의 결혼과 딸의 박사학위 취득을 축하하는 선물로 차를 사러 나왔던 것이었다.

서비스란 성경 식으로 표현하자면 '사람의 마음을 낚는 어부'와 같은 일이다. 서비스는 인간존중으로부터 시작된다. 서비스하는 나보다 서비스받는 당신을 더 '낮게'가 아니라 '낫게' 여기지 않으면 마음 깊은 곳에서 우러나오는 서비스란 결코 나올 수 없다. 서비스하는 나의 기준으로 서비스받는 당신을 보면 겉보기에는 좋아보이지만 받는 사람에게는 좋을 수 없는 서비스가 될 수도 있다.

사랑하는 사람의 특징은 단순하다. "내가 사랑하는 그 사람이 행복하면 나도 행복하다"는 것이다. 그 행복을 위해 사랑하는 사람은 희생을 기꺼이 받아들이지만 그 댓가는 기쁨이고 즐거움이다.

Part
03 서비스 정신

비밀 : 20

'상'(さん)이란 존칭어가 붙는 회사가 있다. 다이마루 백화점과 MK택시다.

존경받는 기업?

MK

매년 언론들은 가장 존경받는 기업들을 발표한다. 한국에서는 삼성전자가 9년째 1위를 차지하고 있다고 한다. 그런데, 일반 국민들에게 물어보면 조금 온도가 다른 듯 하다. 특히 나이든 사람들에게는 유한양행이라는 회사가 압도적인 1위를 차지하고 있다.

이 회사를 창업한 유일한

(1895~1971)박사는 선각자인 아버지의 뜻에 따라 1905년 미국유학을 떠났다. 낮에는 미국학교에서 선진학문을, 밤에는 한인소년병학교에서 민족주의교육을 동시에 받았던 그는 미국에서 식품사업으로 약간의 돈을 모아 귀국해 1926년 유한양행(柳韓洋行)을 설립한다. 이 회사는 크지도 않은 병에 죽어가던 백성들을 살리기 위한 의약품 생산과 함께 생활향상에 노력하고, 우리나라 특산품인 화문석, 도자기, 죽제품 등을 미국에 수출하여 민족자본 형성에 기여하였다.

한국전쟁후 유한양행은 교육사업 지원은 물론, 한국 최초로 종업원 지주제를 실시하였다. 기업세습이 당연하던 시기에 유일한 박사의 유언에 따라 유한양행은 창업주 가문의 경영참여를 금지시키고 전문경영인 시대를 열기도 했다. 유한양행은 규모를 키우는 것보다 좋은 제품을 만들어 국민에게 봉사하는 것을 첫 번째 목적으로 회사를 운영해왔고, 경제위기시대 정리해고가 일반적이던 시기에도 2교대를 3교대로 바꾸고, 임금피크제를 활용한 정년연장을 도입해 고용안정에도 모범을 보여주었다. 90년에 가깝게 기업이 유지되며 초창기의 사업철학이 유지되고 있다는 것은 한국기업사에 드문 일이다.

친절과 인사만
잘해도
세계최고가
된다

Part
03 서비스 정신

MK

>> 사회에 공헌하는 기업은 지역사회의 존경을 받는
다. 지역사회의 긍지와 브랜드가치를 올려준 기
업은 더욱 그렇다. 위기가 닥쳐올 때 고객과 지
역사회의 지지는 큰 위력을 발휘한다.

사회에 공헌하는 기업은 존경 받는다.

다이마루백화점은 1717년 교토에서 개업한 기모노의상실로부터 출발해 1920년대 백화점기업으로 거듭났다. 현재 일본 4위의 백화점 그룹이지만, 선의후리(先義後利)를 상인정신의 근본으로 하고, '고품질, 신선, 호스피탈리티(hospitality=환대, 관대, 친절하게 대접하기)'를 3대 모토로 삼아 고객제일주의를 실천하고 있다. 2000년대 들어 적극적인 개혁프로그램을 통해 직원들에 대한 교육과 능력개발을 강화하면서 고객의 입장에서 모든 경영프로세스를 개혁함으로써 고객들의 절대적인 지지를 받게 되었다.

1994년 고베를 덮친 한신대지진 때 MK택시는 10대의 택시를 현장에 투입했다. 1년간에 걸쳐 피해주민과 복구작업에 참여하는 사람들을 무상으로 실어날랐다. 다른 택시 회사들은 대중교통이 마비된 사이 회사의 이익을 위해 수익영업을 하고 있었다. 위험한 현장도 마다 않고 MK택시가 사람과 짐을 실어나르자 시민들 가운데 많은 사람들이 칭찬을 했다. 조그만 택시회사가 일본사회에 큰 힘을 보탰다. 장사를 통해 사회에 어떻게 공헌을 해야 하는지를 보여주었다. 이익은 건전하게 올리고, 사회에 봉사하는 정신을 실천했다.

비밀 : 21

서비스는 희생이 아니라
고객과 나를 만족시켜 주는
묘약이다.

쇼핑객이 한번 들어갔다 하면 나오지 않고, 주
위의 다른 상점으로도 가지 않아 쇼핑객의 블
랙홀이라고 불리는 백화점이 있다. 미국인들
이 최고 백화점으로 꼽는데 주저함이 없는 노
드스트롬이 바로 그곳이다. 패션관련 업체는
누구나 한번쯤 자사 브랜드를 걸고 싶어 하는
백화점이며, 업계 5위 기업이지만 경쟁업체에
게서까지 미국 최고의 고객 서비스 회사로 인
정받고 있다.
어떤 고객이 타이어 두 개를 들고 와서는 환불

전으로 도로 달라니까!

을 요구했다. 본인 자동차에 맞지 않는다는 이유였다. 회사 정책상 모든 물건을 언제든지 환불해주도록 하는 정책을 가지고 있었기 때문에 매장직원은 당연히 환불을 해주었다. 사실 그 타이어는 노드스트롬에서 판매하지 않은 제품이었다. 인수한 백화점에서 오래 전에 판매했던 제품이었다. 노드스트롬은 백화점을 인수한 후 타이어를 비롯한 일부 품목들을 매장에서 철수시켰다. 그런데도 제품을 환불해달라는 요구를 즉시 처리해주었다. 그럼에도 불구하고 그 직원에게는 아무런 징계도 없었다. 그 고객은 나중에 그 사실을 알고 감동하여 주위에 이 사실을 이야기했다. 이 이야기를 들은 사람들은 다른 백화점 대신 노드스트롬으로 몰려가기 시작했다. 이 사례는 유통업계에서 CS(고객만족)을 이야기할 때 거의 반드시 등장한다고 할 만큼 유명한 사례가 되었다.

움직이는 정보백화점

MK택시는 1973년, 세계 최초로 택시에서 상품을 파는 움직이는 정보백화점을 시작했다. 택시를 탄 고객에게 이동하는 시간동안 자동차, TV, 주택 등 필요한 물건을 소개하고 구입을 원하는 고객이 있으면 명함을 받아 회사 본부에 제출하는 시스템이다. 거래가 성사되면 마진이 돌아오는데, 이 중 60%는 운전기사의 몫이다. 구매자와 판매자간에 서로 믿을 수 있는 정보를 제공한 대가다. 운전기사들은 안전운전이 가장 중요하므로 기본적으로 정보의 수집까지만 한정한다. 도입 초기년도에 한 달 이익이 2억 원이 넘었다. 1985년 제4차〈움직이는 정보백화점〉을 실시할 때는 1만점의 상품을 소개하는 안내책자까지 만들었다. 이처럼 정보제공에 대한 영업수당과 백화점 판매수당 등으로 인해 택시기사의 수입은 크게 늘어났다. <u>서비스는 희생이 아니라 결과적으로 고객과 나를 만족시켜주는 묘약이다.</u>

고객이 필요로 하는 것에 즉시, 때때로 선제적으로 대응하는 것이 서비스 기업의 생명력이다. '움직이는 정보백화점' 이라는 새로운 시도는 고객의 필요를 먼저 예측해 준비하고 대응한 MK택시의 특별한 서비스였다.

삼가
조의를...

Part
03
서비스 정신

비밀 : 22

친절은 사람의 마음을
움직이게 한다.
그래서 친절은 돈이다.

2009년, 세계최대의 인터넷 쇼핑몰 아마존
은 자포스(Zappos)라는 인터넷 신발쇼핑몰
을 12억 달러에 인수했다. 자포스가 내건 인수조
건은 '자포스의 기업문화를 그대로 유지할 것'이었다. 자포스는 '상품을
판매하는 회사'가 아니라 판매를 하는 '서비스 회사'라고 정체성을 세우
고 친절과 서비스에 의한 고객만족을 최상의 가치로 지켜왔다. 1999년
설립된 자포스는 75%의 매출이 동일 고객들의 반복구매로 이루어진 고
객들의 충성도가 경이적으로 높은 기업으로, 인수 직전 한 해 10억 달러
의 매출을 올렸다. 2007년 10월의 한 사건이 그 기폭제가 되었다.
자포스의 고객이 투병중인 자신의 어머니를 위해 신발 7켤레를 주문하
여 배송을 받았다. 그런데 그 고객의 어머니는 많이 아파서 생각보다 몸

무게가 많이 줄어 있었고, 주문한 7켤레 중 2켤레만 사이즈가 맞았다고 한다. 이 고객은 5켤레를 반송하겠다고 회사에 알렸지만, 어머니가 갑자기 입원하는 바람에 정신이 없어 반송기간인 15일을 넘기고 말았다. 결국 그 어머니는 세상을 떠났고, 장례식을 마친 뒤에야 그 고객은 집에 돌아올 수 있었다. 밀린 이메일 가운데 자포스에 반송하기로 한 신발에 대해 묻는 메일이 있었다. 그 고객은 자신의 어머니가 돌아가셔서 제때 반송을 못했다고 답장을 했다. 자포스는 원래 고객이 절차를 다 진행하고 반송비용만 회사가 부담하는 것이 일반적이지만 배송직원을 직접 보내왔다. 회사는 배송담당 직원을 직접 방문시켜 꽃다발과 함께 정중하게 조의를 표했다.

이 고객은 그만 그들의 서비스에 감동하여 눈물을 흘렸다며 그 경험을 자신의 블로그에 올려놓았는데, 여기에 댓글이 100건 넘게 달렸고, 급기야는 세계에서 가장 많은 사람들이 찾는다는 마케팅 전문가 세스 고딘(Seth Godin)이 블로그에서 언급했다.

자포스는 권위있는 경제지 포춘이 선정한 가장 일하고 싶은 기업 23위에도 이름을 올렸다. 자포스는 입사 1주일이 된 신입직원에게 지금 당장 그만 두면 1주일의 주급에 1천 달러의 보너스를 얹어주겠다고 제안한다. 100만원 더 받고 회사를 그만 둘 사람이라면 자포스의 기업철학대로 일할 사람이 아니기 때문에 장래 회사에 100만원 이상의 손해를 끼칠 것으로 판단한다는 것이다.

친절과 인사만
잘해도
세계최고가
된다

장애 학생들의 통학
스쿨버스 운행

MK택시는 1976년, 특정버스 사업면허를 취득하여 교토 시내의 특수학교 스쿨버스 운행을 시작했다. 이전에 장애 학생들이 버스통학을 하는 경우 장애 학생들은 급제동이나 급커브에 골절 또는 상처를 입는 경우가 많았던 지라, MK의 운전기사들은 조심스럽게 운전했다. 안전운전은 물론 부모처럼 아이들을 정성껏 돌보아서 학생들과 보호자로부터 큰 신뢰를 얻었다. MK에서는 스쿨버스를 운전하는 기사들도 택시기사와 같이 동일한 교육연수를 받는다. 학생이 버스를 타고 내릴 때 버스 문 입구에서서 인사를 하고, 운행이 끝나면 버스 안을 깨끗이 청소한다. 이렇게 인정을 받으며 대접하는데 영향을 받은 학생들은 버스 안이나 학교 교정에 쓰레기를 버리는 일이 거의 없다. MK운전기사를 매일 본 학생들에게는 가장 훌륭한 교육을 받은 것이다.

 특수학교 스쿨버스 운행은 틈새고객을 개발해 회사의 매출증대와 사회 기여를 동시에 추구한 사업모델이었다. 장애아 스쿨버스를 통해 실천한 친절은 교육적 의미와 더불어 장기적으로 MK택시 고객의 저변을 확대하는 효과로 돌아올 것이다.

Part
03 서비스 정신

비밀 : 23

변화를 계속한다는 것은
힘들다.
하지만 그 길을 가야한다.
그것이 경영이다.

시대를 읽고
소비자를 읽고

마케팅 학자들은 다른 각
도로 시대를 분류한다.
소비자와 고객의 입장에
서 재해석한 경제다. 처
음에는 과학기술의
발전으로 새로운 물
건들이 쏟아져 나왔다. 19세기
에서 20세기 초반까지는 만들어내기
만 하면 거의 팔리니 광고선전이나 마케

팅을 할 필요가 없었다. 그저 만들어내놓기만 하면 되었다. 그러다보니 무한정 생산시설을 건설했고, 마침내 생산능력이 소비수요를 넘어서는 순간 세계에는 대공황이 와서 수많은 사람들이 고통을 겪었다.

그 다음에는 소비자들에게 비슷한 제품을 만드는 다른 회사보다 자기 회사의 물건을 사달라고 하는 방식의 마케팅이 전개되었다. 두차례의 세계대전이 끝나고 경제회복이 가속되자, 이와 같은 마케팅은 무한소모의 경쟁으로 치달았다. 늘어가는 TV와 신문을 포함한 매체에 효과적인 광고를 하는 비용은 날로 증가해갔다. 이대로 계속 할 수는 없다는 생각이 각 기업의 광고책임자들에게 확산되어갔다.

발상의 전환은 공급자의 시각을 소비자의 시각으로 옮긴 데서 시작되었고, 여기에 동참한 기업들은 살아남고 그렇지 못한 기업들은 급격히 도태되어갔다. 소비자의 욕구를 읽어 거기에 맞춘 신제품을 만들어낸 기업은 국제적인 성공을 거두었다. 70년대 오일쇼크 이후 덩치 크고 기름 많이 먹는 미국차 대신 기술력으로 무장하고 연비가 뛰어난 일본차들이 세계시장을 석권한 것이 그 증거다.

이제는 시대의 변화를 읽어 소비자가 장차 필요로 하게 될 것을 미리 연구하고 생산하는 선제적 마케팅을 시행하는 시대가 되었다. 2G시대 통신시장의 최강자였던 노키아가 몰락하고, 3G/4G의 스마트폰 시대에 삼성과 애플이 최강자로 등장한 것은 바로 이런 마케팅의 결과다.

구급택시와 심야 스테이션

MK택시는 1978년, 최초로 구급택시 제도를 도입했다. 심야시간에 응급환자가 발생하면 신속히 택시를 배차하는 심야 스테이션을 만들었다. 오늘날처럼 인터넷이나 GPS, 무선자동배차시스템이 없던 시절엔 그야말로 획기적인 서비스였다. 이런 편리한 서비스로 입소문이 나면서 이용고객이 크게 늘어났다. 심야 스테이션에는 직원 1명이 상주하고, 택시기사

는 대기하고 있다가 전화가 오면 바로 출동하는 서비스다. 새벽 2시부터 6시까지 심야 스테이션은 출산이 임박한 여성과 밤늦게까지 일하는 사람들에게 좋은 반응을 얻었다. MK는 전 기사들에게는 적십자 구급대원 자격을 취득하도록 했다. 장애인 우선승차서비스와 더불어 구급택시 제도는 MK기사들과 시민의 의식을 완전히 바꾸어 놓았다.

>> 구급택시와 심야 스테이션은 나라도 하지 못한 공공서비스를 일개 택시회사가 제공한 흔치 않은 일이다. 그러나 고객에게 필요한 것을 찾아내고 그것을 과감하게 실천에 옮긴 MK택시는 흔들림 없이 꾸준히 지켜오고 있다.

비밀 : 24

장사는 이익을 내야 한다.
눈앞의 이익이 아니라,
<u>긴 안목을 가져라.</u>

2013년 TV 프로그램 장학퀴즈는 방송 40주년을 맞아 한국 방송사상 최장기 장수 프로그램의 명예를 안았다. 중간에 MBC에서 제작을 중단하고 EBS로 옮기는 곡절이 한번 있었지만 출연자중 한국 최초의 하버드대학 종신교수를 포함 570명의 박사와 조국이 필요로 하는

인재들을 양성하는데 큰 기여를 했다. 나아가 중국에도 2000년부터 'SK장웬방'을 열어 벌써 650회 넘게 방송했다. 인재가 제일이라는 철학을 가진 고 최종현 회장이 한국 최초로 단독 협찬하는 프로그램을 만들고, 이를 지속적으로 지원하기 위해 여의도 5배 크기의 조림지를 만들었다. 한편 1974년에는 사재를 털어 한국고등교육재단을 세워 해외유학을 떠나는 박사급 고급지식에게 장학금을 주었다.

2013년은 6.25한국전쟁이 휴전 60주년을 맞는 해다. 폐허만 남은 대한민국은 자본도 공장도 없이 오직 굶주리고 무식한 사람들 밖에 없었다. 그러나 '알아야 면장을 하지'라는 말처럼 한국사람들은 밥은 굶을지언정 자식들은 학교에 보내 가르쳤고, 교육수준이 높아진 한국은 오직 재건의지로 불타는 인력만으로 오늘날의 세계 10위권 경제대국을 일구어 냈다.

하루를 행복하려면 머리를 감고, 일주일을 행복하려면 목욕을 하고, 일년을 행복하려면 농사를 짓고, 10년을 행복하려면 결혼을 하고, 30년을 행복하려면 나무를 심으라는 말이 있다. 그런데 100년을 행복하려면, 또는 나라 전체가 행복하려면 인재를 기르라는 말이 있다. 어쩌면 기업의 사명 역시 이윤을 남기는 것이 눈앞의 목적이라면 멀리 바라보는 목적으로는 사회와 나라가 필요로 하는 인재들을 길러 고용하고 2세를 부양하게 해주어 나라의 연속성이 이어지도록 해주는 것이 아닐까.

전 택시기사들의 구급대원
자격증 취득

MK택시는 급한 환자를 수송하는 구
급택시를 도입하면서 또 다른 교통문
화를 만들었다. 시민들이 위급한 환
자가 발생하면 가장 먼저 MK택시
콜센터에 전화를 걸도록 한 것이다.
콜센터는 가장 가까운 병원으로 택시
를 안내해 주기 때문에 MK택시기사
의 행동은 매우 신속했다. 119에 전화를 걸어서 구급차를 요청한다면
MK택시가 빠를 수 있다는 말을 들을 수 있을 정도다. 독일은 모든 택시
운전기사들이 응급조치를 할 수 있는 구급대원 자격증을 가지고 있다.
MK택시도 일본 적십자사에서 강습을 받고 모든 기사들에게 자격증을
취득을 의무화 했다. 고객의 안전과 생명을 보호한다는 사회적 기업으
로서의 책임을 다한 것이다. 눈앞의 이익보다 사회 전체의 이익을 먼저
생각하는 MK택시의 생각은 참으로 위대한 것이었다. 언론과 방송들도

MK택시의 구급택시 운행과 택시기사들의 구급대원 자격증 취득에 대해 승객의 생명과 안전을 우선하는 가장 발전적인 제도라고 소개했다. 이것이 바로 MK의 호스피탈리티(hospitality=환대, 관대, 친절하게 대접하기) 정신이다.

 전 택시기사들의 구급대원 자격증 취득은 일찍이 다른 회사들에서 '전혀 생각하지 못한 일이었다. 그러나 기업의 사회적 사명에 주목한 MK택시는 긴 안목을 가지고 당장 필요할 것 같지 않은 응급구조 자격증을 기사들에게 따도록 했다. 그리고 그것은 회사의 브랜드 이미지로 돌아왔다.

친절과 인사만
잘해도
세계최고가
된다
———

Part 03 서비스 정신

비밀 : 25

손님에게 품격 높게
서비스 하라.
감동한 고객은 다시 찾는다.

고객은
소중하니까!

대한항공 기내승무원들의 유니폼은
이탈리아의 유명디자이너 지안프
랑코 페레의 작품이다. 대한항공은
아주 많은 비용을 들
여서 하늘빛 밝은 옥
색과 밝은 베이지색으로
때를 잘 타 세탁비용도 많
이 들어가는 이 유니폼을 만들었다.
그리고 이 유니폼은 2005년부터
지금까지 바뀌지 않을 만큼 호평을 받고 있다.

저렴한 항공료를 내세운 저가항공사들이 많이 나와 기존의 대형항공사들이 타격을 입었을 것으로 보이는 예상과는 달리 세계의 대형항공사들은 가장 비싼 초대형항공기 A380 여객기의 도입에 열을 올리고 1등석과 비즈니스석에는 1개당 2억원짜리 첨단좌석을 경쟁적으로 설치하고 있다. 고급 서비스를 원하는 고급 고객들이 지속적으로 찾아주는 것이야말로 장기적으로 회사에 가장 큰 도움이 된다는 것을 알기 때문이다.

항공사 객실서비스 교육 담당자들은 지금 이코노미석을 타는 고객이 돈을 벌면 비즈니스석이나 1등석을 타게 될 것이라며 이코노미석 고객에게도 최상의 서비스를 제공하라고 가르친다. 굳이 요구하지 않더라도 어린이 고객에게 장난감 선물을 하고, 유아를 동반한 고객에게 좌석을 옮겨주며, 수유해야 하는 고객을 도와주는 서비스를 선제적으로 제공하는 것은 그만큼 품격있는 서비스를 받은 고객이 스스로 가치있다고 느끼는 자존감을 높여주는 최고의 마케팅이다.

특급호텔에서 일하는 도어맨이나 벨맨들은 사실 그다지 부유한 사람들은 아니다. 그러나 호텔을 찾는 고급 손님들을 맞이하려면 그들의 수준과 어느 정도는 맞추어야 하기에 품격있는 제복들을 입는다. 찢어지게 가난한 음악가도 공연무대에 설 때는 최고의 예복인 연미복을 입는다. 음악을 들으러 온 손님을 최고의 예의로 모시겠다는 의미다. 이런 것들이 서비스의 기본이고, 품격있는 서비스는 이런 정신으로부터 나온다.

품위 있는 MK 택시기사 제복

<u>MK택시 기사들이 입는 제복은 일본의 유명한 디자이너 모리 하나에 여사의 작품이다.</u> 어렵게 디자인을 허락받아 만든 제복이라 MK는 제복에 남다른 감회를 갖고 있다. 택시기사의 제복 한 벌 가격은 약 100만원. 모자, 넥타이, 구두, 손수건 등 모든 것이 세련되고 고급스럽다. 한 때 제복을 입은 MK택시 운전기사와 사진을 찍고 싶어 하던 시대가 있었다. 허리띠와 구두를 검정색으로 통일시키고, 이 제복에 색을 맞추기 위해 택시도 검정색으로 통일했다. 검정색은 고급스럽고 품위있어 보였다. 뿐 만 아니라 차 안에 청결을 유지하기 위해 지속적으로 청소 교육을 실시했다. 청소가 문화라는 의식을 심는데 1년이 걸렸다. 쉬운 것은 하나도 없었다. <u>내가 조금 고생하면 다른 사람이 편할 수 있다는 것을 수없이 설득시켰다. MK택시에서 품격 있는 서비스를 받아 본 고객은 반드시 MK를 찾았다. 감동한 고객은 다시 찾는다.</u>

 품위 있는 MK 택시기사 제복은 손님으로 하여금 대접받는다는 느낌을 갖게 한다. 같은 돈을 쓰는 고객의 입장에서 누구에게 서비스 받고 싶겠는가? 친절의 비밀은 손님이 존중받는다는 느낌을 갖게 하는데 있다. 자신을 인정해주는 회사에게 손님은 기꺼이 지갑을 연다.

Part
03 서비스 정신

비밀 : 26

고객이 무엇을 원하는지 살펴라.
그것을 아는 사람이 성공한다.

인천국제공항은 9년째 세계최고의 공항으로 선정되었다. 세계적으로 항공수요가 날로 늘어나고, 새로운 공항들이 계속 개항하는 가운데 9년 연속 수상은 대단한 업적이다. 2001년 인천공항이 처음 개항할 때 선진시스템이라 자랑하던 도쿄의 나리타, 오사카의 간사이는 경쟁상대로 여기지도 않았다. 여기에 동아시아 지역에서 싱가포르의 창이와 홍콩의 첵랍콕, 상하이의 푸둥공항도 앞서거니 뒤서거니 하면서 개항했고, 베이징올림픽을 기념하여 초대형 서우두 공항이 문을 열었다. 이런 가운데 인천공항은 이들 가운데 파묻혀 존재감도 없으리라 예상되었다. 그러나 오늘날 누적이용객 3억명 돌파, 연간 환승객 600만명, 연간 이용객이 2014년이면 4천만명을 넘을 것으로 예상된다. 보통 사람이 많아지면 서비스 수준이 떨어지는 것이 보통인데, 인천공항은 왜 이렇게 많은 사람들이 이용하면서도 계속해서 좋은 평가를 받는 걸까?

대개 비행기에서 내리면 입국관리소에 길게 늘어서서 기다리고, 수하물을 찾는데 많은 시간이 걸린다. 인천공항은 승객수를 미리 파악해 입국창구 근무자를 유동적으로 추가배치하고, 내국인들에게는 자동출입국 등록서비스를 홍보하여 이용자를 늘렸다. 수하물 찾는 벨트 갯수를 늘리는 한편, 항공기와의 연결을 최단거리로 줄이는 시스템을 개발했다. 이동로마다 무빙워크를 최대한 배치하여 피곤에 지친 승객들의 체력소모를 줄여주는 한편, 검역도 미리 작성한 서면과 열감지 카메라로 소요시간을 줄였다. 세관 역시 경험많은 세관원들이 일부 트렁크에 대한 표적검사를 실시함으로써 수많은 승객들이 기다리며 소모하는 시간을 줄였다. 2012년말부터는 환승객에 한하여 12시간 무비자 입국을 허용함으로써 환승객들이 공항내 의자에서 장시간 지루하게 기다리며 지치는 대신, 적극적으로 환승투어를 할 수 있는 법적 환경을 허용해주었다.

무엇보다도 내부의 청소상태와 공기질이 좋아 이용객들의 호평을 받았다. 바닥과 벽체, 특히 화장실은 책임자와 담당자들이 하루 몇차례 정기적으로 돌면서 청소하고 필요한 물품들을 교환해 최고의 상태를 유지하도록 했다. 출입국층 로비 모두에서 감상할 수 있도록 매일 라이브공연을 제공하는 것도 세계공항 중 유일한 서비스다.

이렇게 하나씩 고객들이 공항에서 불편하다고 느끼는 부분들을 찾아내 이용객의 입장에서 지속적으로 혁신해나가다 보니 경영상태도 좋아져 2012년말 4천억이 넘는 흑자를 기록하는 등 여러 측면에서 세계에서 가장 우수한 공항으로 만들었다.

고객대기실과 MK VIP라운지

MK택시는 손님을 위해 교토 기온과 오사카 역에 택시 대기실을 만들었다. 비가 오거나 추운 겨울에 대기실은 더없이 고마웠다. 대기실에는 간단한 커피나 주스도 준비했다. 밖에서 기다리는 불편을 없애기 위해 쾌적하게 꾸며진 대기실에서 잠시 쉬면서 택시를 타게 했다. 1990년에는 교토역 앞에 MK VIP라운지라는 홀륭한 귀빈실을 건축했다. 마치 공항에서의 퍼스트 라운지처럼 고급스런 실내 인테리어와 커피, 맥주, 브랜디 등을 마실 수 있게 했다. MK택시 고객에게 제공되었던 아주 독특한 서비스였다. 이처럼 MK택시는 남들이 하지 않는 서비스를 과감히 도입했다. 고객이 무엇을 원하는지를 알고 실천했다. MK VIP라운지는 MK택시가 얼마나 고객을 우선시 하는지 알 수 있다. 고객 중심의 철학과 MK 친절서비스가 함축된 곳이다.

 고객대기실과 MK VIP라운지는 MK택시가 그저 오는 손님만 태우는 것이 아니라 '오실 손님에게 무엇이 필요한가'를 생각하는 기업이라는 사실을 일깨운다.

비밀 : 27

내가 위대한 것이 아니라
손님이 위대하다고
생각하는 것이 서비스다.

위대한
손님을
모셔 'Sir'

유럽과 미국에서 최고급 호텔에 묵는
손님은 사회적 지위나 재산이나 나
름대로 남부럽지 않은 사람들이다.
따라서 직원들은 남자손님들에게는
'서'(Sir)라는 존칭을 붙이고, 여
성손님들에게는 '마담'이라는
존칭을 붙여 손님에 대한
존경을 표시한다.
1980년대 초반, 서울올림
픽조직위원회의 한 정식 경기종목

을 맡은 책임자가 해당 국제연맹의 세계총회에 참석하고자 파리의 최고급 호텔에 머물렀다. 호텔의 모든 시설과 서비스는 나름대로 만족스러웠다. 3일간에 걸친 총회는 끝이 났고, 이 책임자는 체크아웃 후에 금발에 푸른 눈의 보이로부터 방에서 택시를 타기까지 트렁크를 옮겨주는 서비스를 받았다. 짐이 택시에 실리자, 젊은 보이는 이 책임자에게 손을 내밀었다. 팁을 달라는 것. 이 책임자는 그의 가슴에 달린 이름표를 보면서 단호하게 말했다.

"나는 자네가 어제 다른 백인 손님에게 수차례 '서'(Sir)라고 부르는 것을 봤네. 하지만 방에서 여기까지 내려오며 나와 몇 마디를 주고받는 동안 내게는 '서'라고 하지 않더군. 나는 팁을 줄 만한 서비스를 자네로부터 받은 적이 없네."

보이는 얼굴이 벌개지더니 '차렷' 자세를 취하며 큰 소리로 경례를 올려붙였다. "예스- 서!"

친절과 인사만
잘해도
세계최고가
된다
———

MK택시를 타는 유명인사들

MK택시는 1991년, 일본정부로부터 천황까지 참가하는 식수제(植木日) 행사에 공식 행사차량으로 추천을 받았다. 하지만 MK는 불가능하다고 답변했다. 교토부 지사는 MK라면 가능한 일이라며 끈질기게 설득해 결국 준비하게 되었다. 1년에 걸쳐 경찰과 철저한 연습을 통해 안전하고 성공리에 마칠 수 있었다. 천황은 물론 총리대신, 국무대신, 의장 모두 MK택시를 탔고, 행사에 참여했던 많은 사람들이 MK택시기사의 인상적인 서비스에 감사의 편지를 보내왔다. 일본에서는 글로벌 대기업 소니의 회장도, 교세라의 회장도 자기 회사 차량이 아니라 MK렌터카에서 차량과 기사의 서비스를 이용한다.

뿐만 아니라 해외에서도 교토를 방문한 세계적인 지도자 및 유명인사들이 MK택시를 탔다. 미국 클린턴 대통령, 소련 고르바초프 대통령, 영국 대처 수상, 엘리자베스 여왕, 메르세데스 벤츠 사장 등 이루 헤아릴 수 없이 많은 유명인사들이 MK택시를 탔다. 친절의 힘은 이렇게 강했다.

 MK택시를 타는 유명인사들은 세계적으로 인정받고 존경받는 인사들이 많다. 그들이 MK를 즐겨타고, 돌아간 뒤에도 칭찬하며 다른 사람들에게도 소개하는 이유는 단순하다. 손님을 위대하다고 인정하고 거기 걸맞는 서비스를 제공하기 때문이다.

친절과 인사만
잘해도
세계최고가
된다
———

서비스는 기업의 혼

<u>보통사람들은 기업의 목적을 이윤창출이라고 말한다.</u> 상당수의 기업가들 역시 그렇게 믿는다. 그래서 유독물질을 포함한 제품을 만들어 팔기도 하고, 유독물질을 수백만 시민들의 식수원에 방류하기도 한다. 곡물이나 석유를 독점해 많은 사람들의 고통과 자사의 이익을 맞바꾸기도 한다. 그러나 그런 회사들의 말로는 대개 비참했으며, 아직 드러나지 않은 곳도 그렇게 될 것이다.

그러나 또 다른 기업가들은 이윤창출은 기업의 목적 가운데 기업이 지속되기 위한 조건중 작은 하나요 일부라고 말한다. 진정한 기업가정신은 사업이 수단이 되어 더 큰 목적을 이루는 것이다. 고용을 창출하여 직원과 그 가족의 경제적 소요를 충당하고, 사회와 국가 경제에 필요한 제품과 서비스를 공급하여 인류의 발전에 기여하는 것이 그것이다. 저급한 기업가정신이 판을 칠 때 공산주의가 나왔고, 최근 이러한 것을 깨달은 기업들은 기업의 사회적 책임(CSR)을 소리 높이 외치며 이익과 기여의 사이에서 상생경영 협력경제를 말하고 있다.

우스개 소리로 미스 유니버스대회에서 미녀들의 꿈을 물으면 절반 이상이 '세계평화'라고 대답한단다. '스무살 남짓의 여자들이 세계평화를 위해 도대체 무엇을 할 수 있단 일인가'라고 생각하는 실용주의자들에게는 헛소리로 들릴 수도 있다. 그러나 이런 진심들이 모여서 UN이 되었고, 유니세프가 되었고, 월드비전이 되었고, 컴패션이 되었다.

"혼자 꾸는 꿈은 깨고 나면 허망한 것이지만 함께 꾸는 꿈은 현실이 된다." 역사상 최대 제국을 건설한 징기스칸의 말이다. MK는 인간존중으로부터 출발한 호스피탈리티(hospitality) 정신을 MK 사원 전체가 꾸는 꿈으로 만들었다. 혼을 담은 인간존중의 서비스, 관심-배려-정성이 담긴 호스피탈리티가 MK가 존재하는 이유다.

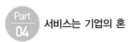

Part
04 서비스는 기업의 혼

비밀 : 28

MK정신은 관심, 배려, 성성
호스피탈리티 정신의
소산물이다.

2012년 4월 공정거래위원
회가 발표한 공기업
포함 한국의 재계
순위는 삼성-
한전-한국토
지주택공사-
현대자동차-SK-
LG-롯데-포스
코-현대중공업-
GS이었다. 같은 기간 좋

은기업센터가 발표한 〈2012 한국 주요기업 10대 CSR(기업의 사회적 책임) 이슈 보고서〉에 의하면 1위 삼성전자(반도체 작업장 유해물질노출로 인한 '피해자 및 사망자 발생'), 2위 현대자동차(불법파견으로 인한 사내하청 비정규직 노동자들의 '고용불안과 차별'), 3위 포스코(인권침해와 환경파괴가 동반된 인도 오리사 제철소 건설), 4위 기아자동차(현장실습 고등학생, 지속적인 연장근무 등으로 '근무 중 뇌출혈 발생'), 5위 KT('부당한 인력퇴출 프로그램 운영'과 '순환계 질환 사망자 증가'), 6위 삼성중공업(2007년 태안 기름유출 사고 후 약속했던 '지역발전기금 1,000억 미집행'), 7위 SK텔레콤(사내이사 최재원, '2,000억원대 횡령 및 배임으로 구속수감'), 8위 대한항공(2011년에만 5명 자살, 과도한 직원간 감시제도와 경쟁제도 논란), 9위 현대제철('1급 발암물질인 석면검출', 최근까지 약 4,500여 노동자와 지역주민들 무방비 노출), 10위 아시아나항공(2011년 2월에도 승객 적다는 이유로 일방적인 운항 취소)가 10대 이슈의 주인공이 되었다.

2013년 2월 한국능률협회컨설팅 발표 한국에서 존경받는 10대 기업은 삼성전자-포스코-현대자동차-유한킴벌리-유한양행-현대중공업-인천국제공항공사-안랩-삼성물산의 순위였다. 무려 40%가 기업의 규모나 수익과는 상관없는 것이었다. 기업의 규모와 사회적 문제유발, 사회적 인정과 존경은 일치하지 않았다. 이 차이는 왜 나온 것일까?

Part 04 | **서비스는 기업의 혼**

MK택시가 일본 최고기업 베스트 10에 오른다.

일본 명문 교토대학에서 1994년, 일본에서 가장 좋은 상품과 서비스를 판매하는 회사를 소개하는 〈엘레강스 컴퍼니〉라는 책을 출간했다. 여기서 MK택시가 10위 안에 뽑히는 영광을 받았다. 1위는 마쓰시타전기, 2위는 소니, 3위는 도요타, 4위는 혼다, 5위는 전국생활협동조합연합회, 6위는 닛산자동차, 7위는 샤프, 8위는 히타치가전, 9위는 MK택시, 10

위는 미쓰비시자동차였다. 일류기업 대열에 MK택시가 당당히 들 수 있었던 것은 기업규모가 크거나 이익을 많아서가 아니라, 작지만 내실 있고, 사회에 대한 공헌도를 높이 인정받았기 때문이다. 기업은 규모가 크거나 이익이 많이 난다고 우량기업이 되는 것은 아니다. 사회에 대한 공헌도에 따라 평가받는 것이다.

>> MK택시가 일본 최고기업 베스트 10에 등극한 이유는 작지만 내실있는 회사경영, 그리고 경영이념과 철학에 따라 사회의 공유가치에 대한 변함없는 기여를 인정받았기 때문이다. 그것은 고객과 사회를 향한 호스피탈리티 정신에서 우러나온 것이다.

Part
04 서비스는 기업의 혼

비밀 : 29

기술보다 더 중요한 것이
서비스다.
서비스는 기업의
혼이다.

보통 한국인에게 서비스란
손님에게 추가적인 비용의
부담 없이 무상으로 제공
되는 물품으로 받아들여진
다. 가장 흔한 것이 중국집
에서 자장면 여러 그릇을
시키면 따라오는 '군만두
서비스' 라고 받아들여질 정도다. 아주
좁은 의미의, 그러나 가장 피부에 와닿는 정의

일 수도 있겠다.

그러나 넓은 뜻의 서비스는 현저하게 다르다. 일본 교토대의 하라 교수는 이렇게 정의했다. "농업, 어업, 축산업 그리고 제조업을 제외하고 모두가 서비스업이다." 상품의 직접적인 생산이 아니라면 모두 서비스에 해당된다는 의미다.

OECD 사무국의 규정집에서는 서비스업을 이렇게 정의한다. "서비스란, 높은 기술력과 지식 집약형 산업, 그리고 노동 집약적 산업을 포함한 다양한 분야의 경제활동이다…. 서비스업은 노동, 컨설팅, 경영능력, 엔터테인먼트, 교육, 에이전시 그리고 이와 비슷한 여러 사업분야에 인간의 가치가 더해진 것이다."

그렇기에 서비스는 네가지 특성을 가지고 있다. 첫째는 Intangibility(무형성)으로 서비스는 형태가 없기에 다양한 주변 증거들로 서비스를 증명해야 한다. 둘째는 Inseparability(비분리성)으로 생산과 소비가 따로 분리될 수 없고, 서비스가 전달될 때 제공자와 고객에게 동시에 상호작용을 하게 된다. 셋째는 Perishability(소멸성)으로 서비스는 저장되거나 운반되기 어렵고 제공자와 고객의 접촉이 끝나는 순간 종료된다. 넷째는 Heterogeneity(이질성)으로 고객에게 소유할 수 없는 경험을 제공하지만, 이 경험마저도 다른 사람들과의 상호작용, 환경, 개인의 인식, 주관 등에 따라 변하므로 같은 서비스행위라도 그 결과는 언제나 다르게 된다.

최고의 서비스로 모십니다.

MK택시는 기사들에게 관광가이드 자격증을 취득하도록 했다. 지금 택시기사의 절반가량이 관광가이드 자격증을 갖고 있을 정도다. 1998년에는 정기관광 승합차 면허를 취득하여 9인승 승합차로 교토 관광을 안내하기 시작했다. 2002년부터는 관광버스 사업에도 진출하여 많은 단체 관광객들이 MK관광버스를 이용하고 있다. 택시에서부터 시작된 관광안내가 승합차, 중형버스, 대형버스까지 확대되면서 다양한 차종으로 고객을 모시고 있다. MK 관광버스 홍보용 광고 카피는 이렇다. '명소에

서 명소로 부드럽고 쾌적하게 이동할 수 있어 마음이 여유로워지고, 운전기사가 신선한 정보를 제공하여 더욱 매력적인 교토를 만날 수 있습니다. 고도의 풍경을 마음껏 즐기시려면 MK를 이용해 주세요.' 교토 관광을 MK가 최고의 서비스로 안내하겠다는 신념이다.

'최고의 서비스로 모십니다.' 이 선언에는 인간의 가치가 더해진 서비스의 4가지 특성을 모두 최고의 상태로 고객에게 제공하겠다는 엄청난 의지가 담겨있다. 그리고 MK는 이 일견 단순해 보이지만 대단한 약속을 실천하고 있다.

비밀 : 30

성공하는 삶이란 주어진 일에
최선을 다하고,
학습을 통해 능률을
높이는 것이다.

오바마 대통령이 극
찬한 한국의 주입
식 암기교육에 대한
농담이 있다. 미국
고속도로 순찰대 요
원이 한적한 길에서
교통사고로 전복된 렌
터카 차를 발견했다. 경
찰이 놀라서 운전석 쪽으로 다가가 물었다.

"How are you?" 그러자 온몸에서 피를 철철 흘리고 있는 한국인 운전자가 순식간에 유창한 발음으로 대답했다. "I'm fine, thank you. And you?"

그런데 만일 서비스업 종사자가 그 어떤 순간에도 고객에게 최상의 서비스를 제공하는 것이 이만큼 본능적으로 자동으로 튀어나오도록 할 수 있다면? 모든 상황마다 갖가지 아이디어로 위기를 해결하는 맥가이버처럼 종사자 스스로 능동적으로 문제를 해결해나가는 사람이 될 수 있다면 정말 최상의 서비스 회사일 것이다.

영화 〈타이타닉〉의 마지막에 나오는 현악4중주단은 사람들을 감동시킨다. 얼음장처럼 차가운 북대서양의 바닷물 속으로 빠져드는 배, 부족한 구명보트, 승객들이 서로 타려고 몰려들어 아수라장이 된 갑판...그러나 선장을 비롯해 명예를 아는 남자들은 여자와 어린이, 노인들을 구명보트에 먼저 태우게 하고 자신들은 배와 운명을 같이 하기로 한다. 사중주단역시 서로의 눈짓을 교환하다 구명보트 타기를 포기하고 악기를 꺼내든다. 그리고 마지막 정성을 다해 연주하기 시작한다. 낮게 깔리는 찬송가의 선율 "내 주를 가까이 하려 함은....." 배에 남은 사람들은 이 천상의 위로와도 같은 찬송가 선율에 마음이 따뜻해짐을 느끼며 차가운 북대서양의 수면 아래 잠긴다.

친절과 인사만
잘해도
세계최고가
된다

Part 04 서비스는 기업의 혼

TAXI

MK택시는 신입사원 교육부터

MK택시는 2003년, 일본의 전통 의상인 기모노 복장을 한 손님에게 택시요금을 할인해 주는 제도를 정부로부터 인가를 받았다. 교토에서 기모노를 입고 MK택시를 타면 1% 할인해 주는 서비스다. 이 서비스는 기모노 뿐 만 아니라 남자들의 일본식 옷차림이나 유가타, 승복도 포함시켰다. 일본 전통 의상을 입은 사람들은 버스나 전철 등 공공교통수단을 이용하기가 불편하다는 생각에서 착안하여 손님에 대한 편의 제공과 일본의 전통을 소중히 하는 문화의식을 고취시키기 위한 제도였다. 역시 이용객들로부터 큰 호응을 얻었다. 이처럼 MK택시를 경영의 교과서라고 부르는 이유가 바로 끊임없이 아이디어를 만들어내고 이를 실천하기 때문이다. 항상 주어진 일에 최선을 다하고 학습과 교육을 통해 업무능률을 높이는 MK정신은 계속해서 이어지고 있다.

 MK택시는 신입사원 교육부터 직원 스스로 거의 자동으로 고객에게 서비스정신으로 반응하도록 교육시킨다. 사원들은 이후에도 다양한 교육의 기회를 가질 수 있으며, 자격을 얻어 더 좋은 대우를 받게 된다. 주어진 일에 최선을 다하고, 학습을 통해 고부가가치를 발생하게 격려하는 회사다. 직원들의 아이디어가 인간의 가치를 더하고 서비스의 격을 높이는 것이라면 바로 반영된다.

비밀 : 31

서비스는 특별한 것이 아니다. 고객에게 해야 할 당연한 의무다.

고객은 당연 심지어는 경쟁사도

IT 제왕 빌 게이츠는 21세기 10년간 최대 550억 달러의 재산으로 세계 최고부자의 지위에 올랐다. 그런데 100년전 지금의 가치로 치면 3183억 달러에 달하는 재산을 가졌던 거부가 있었다. 석유왕 존 록펠러였다. 그는 1881년 미국에서 생산되는 석유의 95%를 손에 쥐고 있었다. 그는 당시 자본주의의 탈을 쓴 악마가 할 수 있는 모든 짓을 다 해서 53세에 세계에서 가장 큰부자가 되었고, 그래서 부러움과 동시에 경멸과 질시의 대상이었다.

그의 나이 55세에 일생의 위기가 찾아온다. 술도 여자도 모른 채 일중독이던 그가 기관지, 탈모증, 신경병, 위궤양, 탈진 등으로 쓰러진 것. 의사는 이런 상태로는 일년을 넘기지 못한다는 선고를 내린다. 그 모든 돈이 무의미하게 느껴진 그는 자지도 먹지도 못한 채 몇 날을 보내다가 한 밤중 침대 옆에 무릎을 꿇고 눈물을 흘리며 회개의 기도를 드리다가 갑자기 "하나님은 내 모든 것이 되신다!"고 소리치며 일어났다고 한다.

이후 고객과 경쟁사는 자신의 돈을 불려주는 수단에 불과했던 시각에서 벗어나, 사랑하고 섬기고 나누어야 할 대상으로 바뀌었다. 이제 다른 사람들을 섬기는 일은 당연한 것이 되었다. 그는 프레드릭 게이츠 목사와 의논해 그의 사회적 책임을 실행하기 위한 록펠러 재단을 세우고 본격적인 자선사업을 시작한다. 처음 십일조로 시작한 재단에 수입의 절반 이상을 기부하게 되고, 세계적으로 유명한 시카고 대학을 위시한 12개의 종합대학, 12개의 단과대학과 미 전역에 4,928개의 교회당을 건축했고 1만여개에 가까운 크고 작은 도서관을 지어 지역사회에 기증한다.

인류 역사상 어느 누구도 하지 못한 규모의 나눔을 실천하자 그를 비방하던 많은 적들마저 록펠러 밑으로 들어와 그의 자선사업에 참여했다. 욕먹으며 돈을 모은 55년을 살다 죽을 위기에 처했던 그는 새로운 '섬김과 나눔의 기쁨'을 누리며 98세까지 살았고, '더러운 자본가' 대신 '위대한 자선가'로 남았다.

Part 04 서비스는 기업의 혼

MK택시의 기본정신은 고객중심이다.

MK택시의 기본정신을 말하면 '고객의 소리는 하늘의 소리다', '고객의 기쁨은 곧 우리의 기쁨이다' 라는 표현에서 볼 수 있듯이 철저히 고객중심으로 모든 문제들을 풀어나갔다. 기업을 경영자의 소유물로 생각하지 않았

다. 회사를 오늘까지 성장시켜 준 소비자에게 그 이익을 돌리려고 노력했다. MK경영자는 기업의 사회적 책임에 대해 이렇게 말한다. "국민이 풍요롭게 잘 살 수 있게 하는 것이 바로 기업의 사회적 책임입니다. 기업은 사회에 공헌하고 미래를 제시할 때 사회나 기업이나 모두 건강해 질 수 있습니다. 매일 매일 좋은 서비스로 소비자와 사회에게 봉사하는 길을 MK는 계속해서 찾고 있습니다." 서비스는 특별한 것이 아니라 고객에게 해야 할 당연한 책임이자 의무이다.

 MK택시의 기본정신은 고객중심이다. 소비자와 사회에게 봉사하고 섬기는 것이 고객중심주의의 실천이다. 이것은 마케팅의 대상으로 고객을 보는 것이 아니라 고객이 당연히 누려야 할 권리를 찾아주는 것이며, 서비스업 종사자의 당연한 의무이자 책임이다.

어서 오세요.

예 알았읍니다

조금만 기다려 주세요

오랫동안 기다렸습니다

대단히

친절과 인사만
잘해도
세계최고가
된다

━━━

Part
04 서비스는 기업의 혼

비밀 : 32

경영자가 앞에서 먼저 뛰어라. 솔선수범하는 모습을 보고 직원도 따라 온다.

나를
따르라!

영웅들을 이야기할 때 가장 먼저 이름을 올리게 되는 사람중 하나가 알렉산더 대왕이다. 약관 21살에 마케도니아의 왕이 된 그는 12년만에 그리스 통일에 이어 아프리카와 인도까지 원정을 하며 전투마다 승리를 거둬 유럽과 아프리카, 아시아 3개 대륙에 걸친 대제국을 세웠다.

부왕의 갑작스런 죽음에 왕위에 오른 그가 역

전의 용사들인 아버지의 장군들을 감복시킨 것은 다름 아닌 솔선수범이었다. 젊은 왕은 언제나 전투의 맨 앞에서 쏟아지는 적의 화살비 속으로 뛰어들었다. 알렉산더의 군사들은 왕을 보호하기 위해, 그리고 왕도 저렇게 싸우는데 하는 심정으로 뛰쳐나갔다. 그는 보통의 다른 왕들이 하는 크고 호화로운 막사와 식사를 거부하고 병사들과 같은 숙소에서 같은 식사를 했다. 전투 후에는 부상병들의 막사를 찾아 그들을 위로했다. 군대의 사기가 높을 수밖에 없었다.

그리스와 페르시아의 운명을 건 이수스 전투에서는 겨우 4만의 군대로 70만 대군을 물리치고 페르시아를 멸망시킨다. 아리스토텔레스의 제자였던 알렉산더 대왕은 새로운 사상에 기초한 제국을 세우고 싶어했다. 전쟁에서 승리한 대부분의 군주와는 달리, 알렉산더는 그리스인과 페르시아인을 모두 관료로 채용했고, 그리스인을 이주시켜 그리스어를 공용어로 쓰게 했다. 자신의 그리스군인과 페르시아 여성을 집단 결혼시키게 하면서 자신도 페르시아의 공주와 결혼하여 모범을 보였다.

알렉산더 대왕의 제국건설은 10년만에 막을 내렸지만 그가 실시한 제도는 헬레니즘 문화를 전세계로 퍼뜨렸다. 합리성에 기초한 과학과 인간주의는 멀리 중국과 인도까지 영향을 미쳤고, 나중에 로마의 통치이념으로도 연결되었다.

Part 04 서비스는 기업의 혼

직원은 회사의 성공 파트너다.

유봉식 MK그룹 창업자는 자신의 사무실에 회장실이라는 푯말을 붙이지 않았다. 직원들이 편하게 와서 이야기 하다 갈 수 있도록 하기 위해서다. 권위나 서열이 지배하면 협력자를 얻기 어렵다는 것. 직원들이 MK를 대표하여 영업해주기 때문에 직원들을 어떻게 대우하느냐에 따라 회사의 성패가 달려있다고 생각했다.

유봉식 회장은 남들이 말하는 MK성공신화에 대해 이렇게 설명했다. "나는 평범한 사람입니다. 너무나 평범해서 남보다 두 세배 이상 일해야 했습니다. 남들은 MK를 기적이라고 말하지만 그렇지 않습니다. 나는 내가 해야 할 일을 멈추지 않고 고뇌하며 좋은 아이디어가 떠오를 때까지 묵묵히 실행에 옮겼을 뿐입니다. 성공은 이러한 노력의 결과이지, 기적이나 신화가 아닙니다."

항상 겸손하게 남을 먼저 배려하는 호스피탈리티 정신이 바로 MK 정신이다.

 직원은 회사의 피고용인이 아니라 성공의 파트너. 권위주의의 벽이 없는 MK에서 직원들은 자유롭게 아이디어를 내고 이를 자발적으로 실천해 회사 전체의 문화를 만들었다. 유봉식 창업자 형제는 그 앞에서 솔선수범하며 직원들이 스스로 동참하도록 이끌었다.

Part
04 서비스는 기업의 혼

비밀 : 33

마음에 담긴 서비스를 실천하라.
평생 단 한 번이라는 자세로.

거짓이면
손이
잘리리라

영화 〈로마의 휴일〉을 보면 작은
나라의 공주인 오드리 헵번과
평범한 신문기자 그레고리 펙
이 하루 종일 신분을 숨긴 채
데이트를 한다. 그러던 중 펙이
'진실의 입'에 손을 넣고 손이
잘리는 듯한 연기를 해서 헵번을
놀래키는 사랑스러운 장면이 나온다.
로마에 위치한 산타마리아 인 코스메딘 교회
입구의 벽면에 있는 대리석 가면은 중세 때부
터 심문을 받는 사람의 손을 입 안에 넣고 진실

을 말하지 않으면 손이 잘릴 것을 서약하게 한 데서 '진실의 입'이라는 이름이 붙게 된 것으로 전해진다.

MOT라는 용어가 있다. 진실의 순간(Moment of Truth)라는 의미다. 투우사가 소의 급소를 찌르는 순간을 지칭하는 스페인의 투우 용어를 가져온 것인데 실패가 허용되지 않는 매우 중요한 순간을 의미한다.

스칸디나비아 항공사의 CEO였던 얀 칼손(Jan Carlzon)은 MOT라는 개념을 도입하여 위기에 빠진 회사를 구해내면서 서비스 품질경영의 전설적 신화를 만들어냈다. 예를 들어 만약 승객들이 자신의 음식 트레이가 지저분하다는 것을 발견하게 된다면 그들은 그 순간에 자신이 탑승하고 있는 비행기 전체가 불결하다고 느끼게 된다는 것이다. 그에게 MOT는 서비스 제공자가 고객들에게 서비스의 품질을 보여줄 수 있는 극히 짧은 시간이지만 고객의 인상을 좌우하는 매우 중요한 순간이다.

1986년 스칸디나비아 항공사에서는 대략 1천만 명의 고객이 각각 5명의 직원들과 접촉했으며 1회 응대시간은 평균 15초였다. 1년에 5000만 번 고객의 마음속에 회사의 인상을 새겨 넣는 '진실의 순간'이 있었던 셈이다. 얀 칼손은 이 15초 동안의 짧은 순간들이 결국 회사 전체 이미지, 나아가 사업의 성공을 좌우한다고 말했다.

만일, 그 단 한번의 MOT가 그 고객과 일생 단 한번 만나는 것이라면? 한해 1천만명의 손님을 회사에 호감을 가진 고객으로 만들 수도 있고 반대로 회사에 반감을 가진 악성고객으로 만들 수도 있다는 이야기다.

친절과 인사만
잘해도
세계최고가
된다

Part
04 서비스는 기업의 혼

MK택시가 공유하는 '1m의 소중함'

MK는 철저하게 고객중심이다. 고객을 위한 것이라면, 고객을 기쁘게
하는 일이라면, 1m도 소중히 모신다는 정신으로 근거리 승차도 운행한
다. 다른 택시회사들은 근거리 손님을 기피하지만 MK택시는 아무리
가까운 곳이라도 승차 거부를 하지 않는다. 바로 1m의 소중함을 알고
있기 때문이다. 신용을 쌓으려면 오랜 세월이 걸리지만, 쌓았던 신용을
잃는 것은 한 순간이다. 대부분 직원들이 열심히 노력하지만 몇몇 사람

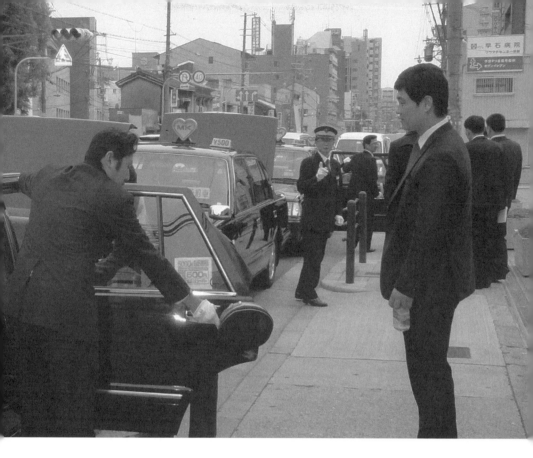

들의 잘못된 행동으로 전체 이미지를 흐리게 하는 경우가 있다. 그래서 MK는 고객 클레임이 들어오면 신속히 대처한다. 고객 클레임은 다시 고객관계 개선으로 이어져 비즈니스 기회를 만들어 준다. 그래서 MK를 호스피탈리티(hospitality=환대, 관대, 친절하게 대접하기) 정신을 가장 모범적으로 실천하는 기업이라고 말한다. 고객이 좋아하는 일만 하겠다는 것이 바로 MK의 정신(spirit)이다.

≫ MK택시가 공유하는 '1m의 소중함'은 '일생 단 한번 만나는 손님'과 '진실의 순간'이 언제나 공존하고 있다. 고객의 행복을 위해 일하는 호스피탈리티가 바로 MK의 스피릿이다.

비밀 : 34

천사
마마홍!

기업의 본질은 고객이다.
고객의 신뢰를 저버린 기업은
존재할 수 없다.

1992년 5월초 Los Angeles 는 천사들의 도시답지 않게 폭력과 약탈의 아수라장이 되었다. 미국 역사상 12번째의 흑인 폭동은 로드니 킹 사건과 두순자 사건의 재판이 기묘하게 얽혀드는 바람에 발발했고, 공식 집계로 사망자 55명, 부상자 2383명, 체포 13,779명에 캘리포니아 주방위군 6000명과 연방군 1000명, 그리고 장갑차부대까지 동원되고 나서야 끝났다. 7억 달러에 달하는 엄청난 재산피해 중 절반이 한인들의 몫으로 시위에 참가하지 않았는데도 사망 5명, 2300개 점포 파괴, 3.5억 달러 피해를 입었다. 흑인 갱들까지 나서서 총을 들고 거리의 상점들을 약탈하는 사우스센트럴 흑인지구 폭동지역에서 안전했던 단 한곳 '밴네스 수퍼마켓', 그곳은 오히려 흑인들이 경비를 서면서 약탈하는 동족들을 말렸다.

LA 흑인들의 어머니, '마마 홍'이라 불리던 홍정복 씨가 그 수퍼마켓의 주인이었다. 홍씨는 가난한 임산부나 산모에게는 물건을 거저 내주곤 했다. 빈민 어린이나 독거노인이 오면 공짜로 빵과 우유를 먹였다. 가게에서 맥주 몇 병을 훔쳐 달아나는 흑인청년의 뒤에 대고 '조심해 뛰거라, 넘어질라!' 소리친 이야기는 흑인들 사이에 유명한 일화였다.

그로부터 7년후, 수퍼마켓 운영 15년만에 홍정복 씨는 히스패닉 갱 2명에게 살인강도를 당해 총을 맞고 사망한다. 마마를 잃은 흑인들은 자청해 수사를 도왔고, 결국 LA경찰은 흑인들의 결정적인 제보에 의해 범인들을 체포한다. 그녀의 장례식은 이례적으로 흑인사회의 요청에 의해 흑인교회에서 지역사회장으로 치러진다. 장례식은 흑인들이 와서 바친 꽃과 촛불, 성경책으로 가득찼고, 수퍼마켓의 셔터에는 이런 문구가 붙어 있었다. "마마, 당신은 우리를 돕는 일을 맡은 천사였어요. 범인은 우리가 꼭 잡을게요!"

미국 YWCA 전국위원회는 그해 4월 29일 워싱턴 D.C.에서 거행된 시상식에서 고인 홍정복 씨에게 인종화합 공로상을 시상했다. 이 상은 YWCA가 다인종 사회인 미국에서 인종 화합의 중요성을 강조하기 위해 1999년 처음 제정한 상으로 고 홍씨를 첫 수상자로 선정하여 그녀를 기렸다.

Part 04 **서비스는 기업의 혼**

힘의 원천은 계속에서 나온다.

MK 인지도는 믿음에서 나온다. 믿음을 얻기까지 MK는 헌신적으로 봉사했다. 자녀들이 늦게 귀가할 때 MK택시를 타도록 권유하는 부모들, 노약자일 경우 부축해서 집안까지 모셔다 드리  는 친절, 무거운 짐이 있으면 대문까지 들어다 주고, 밤길에는 전조 등을 멀리서 비춰주고, 비가 오는 날에는 우산을 빌려주는 서비스. 이 모두 시민의 편익을 최우선으로 하는 봉사정신이다. 봉사는 희생이지만 결국 자신에게 이익이 되었다. 사회의 이익이 곧 나의 이익으로 돌아온 것이다. 눈앞의 이익보다 긴 안목을 갖고 친절과 서비스를 베푼 것이 큰 믿음이 되었다. MK는 믿음의 상표를 시민으로부터 직접 얻은 것이다.

 힘의 원천은 계속에서 나온다. MK의 서비스는 일시적이지 않았다. 긴 안목의 경영철학이 변함없는 꾸준한 서비스의 원동력이었다. 그리고 MK는 회사 규모에 비해 많은 수익을 올리면서 시민들에게 존경받는 기업이 되어있다.

비밀 : 35

MK정신을 한마디로 말하면
"하면 된다."
우리가 하지 않았을 뿐,
하면 할 수 있다.

해봤어?

20세기에 세계에서 가장 못 살던 두 번째 나라에서 세계 8대 무역대국, 10위권 경제대국으로 발돋움한 대한민국을 대표할 만한 경영인을 조사했더니 고 정주영 회장이 1위로 선정되었다고 한다. 한때 재계1위였던 현대 그룹은 형제의 난으로 해체되었지만 그는 불멸의 경영인으로 남아있다. 그의 개척자정신은 이 한 마디로 요약된다. "해봤어?"

남들이 다 불가능하다고 말할 때, 그는 500원 지폐 한 장 들고 런던으로 날아갔다. 해운사 선주를 만나 지폐 뒷면의 거북선을 보여주며 배를 주문해달라고 했고, 조선소가 있느냐는 말에 허허벌판의 사진을 보여주면서 "우리는 세계최초의 철갑선을 500년 전에 만들었소."라고 대답했다. 그리고는 투자은행에 가서 2만톤 짜리 배를 주문받았으니 조선소를 지을 돈을 빌려달라고 했다. 그 결과가 오늘날 세계 최대의 단일 조선소인 울산 현대중공업이다.

1984년 '정주영공법'이 성공했다. 조수간만의 차가 너무 커서 방조제 공사가 불가능해보였던 천수만이었다. 정주영 회장은 아무리 흙과 돌을 쏟아부어도 밀물썰물 한방이면 다 쓸려나가는 그곳을 폐유조선으로 가로막고 방조제를 만든 다음, 배를 끌어내 불가능해보였던 공사를 짧은 시간 안에 완공해보였다. 그곳은 오늘날 현대 서산농장이 되어 한해 수십만 석의 쌀을 생산해내고 있다.

일제강점기 강원도 통천 시골에서 소 판 돈을 훔쳐 상경했던 청년 정주영은 오늘날 재계 2위의 현대자동차그룹, 9위의 현대중공업그룹, 17위의 현대그룹의 모체인 옛 현대그룹을 일궈냈으며, 그 가문까지 현대백화점그룹, 현대산업개발그룹, 한라그룹, KCC그룹으로 키웠다. 한편, 이미 일본 나고야로 기울어진 것으로 보였던 1988년 제24회 올림픽의 유치위원장을 맡아 2년만에 개최지로 선정받는 대역전에 성공했다. 그는 해보지 않은 것에 대해 안 된다고 말하지 말라고 강조하며, 끊이지 않는 도전으로 재건기의 한국경제에 크나큰 기여를 했다.

고난의 뒤에 오는 무지개가 아름답다.

미국, 유럽 등 전 세계가 불황기에 빠져있다. 불황의 늪에서 벗어나
려면 지금까지의 생각을 모두 바꾸어야 한다. MK택시는 잃어버린
20년이라는 혹독한 일본 경제의 불황 속에서도 성장하며 회사의
영역을 확장했다. MK의 생각은 아주 간단했다. <u>저렴하고 품질 좋
은 상품을 친절히 판매하면 고객은 반응할 거라고 믿고 열심히 노
력했다.</u> 물론 고생도 이루 표현할 수 없을 만큼 많았다. 이 세상에
고통 없이 얻을 수 있는 것은 하나도 없었다. 그래도 고생을 하면서
고객을 위하는 일을 했다. 지금 고생하면 훗날 행복할 수 있다고 믿
었다. MK경영자는 이렇게 말한다. "무슨 일이든 열심히 노력하면
지지자가 나타납니다. 무엇보다 소비자에게 지지를 얻어야 합니다.
그래서 저렴하고 품질 좋은 상품을 팔아야 한다는 것입니다." 이것
이 MK성공비결이다.

 고난의 뒤에 오는 무지개가 아름답다. 폭풍 뒤의 햇빛이 더 찬란하
다. 고난의 시기 MK는 더 고객을 위하여 노력했고, 그 노력의 결실
로 일본경제의 '잃어버린 20년' 기간에도 착실히 성장할 수 있었다.

비밀 : 36

자주해 봐야 어색하지 않다.
자주해 보는 것.
그것이 교육이다.

2만번은
채어야...

'지니' 라는 예명을 쓰는 마술사에게서 들은 이야기다. 마술은 과학과 심리학과 연기가 결합하여 만들어지는 것이라 한다. 마술은 그저 신기한 기술도, 눈속임도 아니다. 그런데 마술은 바로 코앞에서 하는 기술도 실제로는 어떻게 했는지 보는 사람이 몰라야 마술이다. 마술은 손

164
165

기술 위주의 마술과 도구 위주의 마술, 심리 위주의 멘탈 매직으로 구분될 수 있다.

카드나 동전, 고리, 로프 같은 손기술 위주의 마술을 배우고 익혀서 사람들 앞에서 능숙하게 하려면 얼마나 연습을 해야 할까? 지니에 의하면 어느 상황에서도 실수 없이 자연스럽게 보이게 하려면 약 2만번 정도는 해야 된다고 한다. 몸에 완전히 익어서 마음이나 다른 외부적 상황과 상관없이 몸에 배인 대로 자동으로 나오도록 근육에게 기억시키는 데는 그 정도의 노력이 필요하다는 이야기다.

그리고 나면 콧기름도 바르고 공중에서 뭔가를 잡아와 주먹 안에 넣으며, 관객에게 다가가 대사도 하는 연기가 붙여져도 자연스럽게 기술이 나온다는 것이다. 기술이 잘 될까 안 될까에 신경을 쓰는 순간 관객은 이미 불안감을 느끼고 부자연스러운 연기에 마술의 효과는 반감된다는 이야기다.

2만번을 연습하는 가운데 동전이나 카드를 수천번 떨어뜨릴 것이지만, 혼자 연습할 때 떨어뜨리는 것이 관객 앞에서 그렇게 되는 것보다 훨씬 낫다. 한번 되었다고 해서 된 것이 아니다. 무심결에 해도 완벽하게 이루어질 때까지 연습해야만 비로소 그 기술은 완성된 것이다. 머리 속으로 생각한 순간 몸이 기억하고 자동으로 실행되는 기술, 그것이 바로 완성된 기술이다.

직원의 의식개혁은 솔선수범에서 시작된다.

MK는 화장실 청소로 유명하다. 화장실 청소
는 직급에 상관없이 모두가 참여하며, 경영자
도 지시하기 전에 먼저 솔선수범한다. 화장실
청소의 궁극적인 목적은 청결의 중요성도 있

지만 깨끗한 환경과 맑은 정신을 통해 업무능
률과 경영실적을 올린다는 것이다. 유태식 부회장은 긴키산업신용조합
설립이후 32개 지점을 32번이나 돌았다고 한다. 그만큼 사
업장의 현장 방문을 중시

한다. 한 번은 여성 화장실에 들어가 청소상태를 확인하는데 청소한 변기에 누런 때가 그대로 붙어있었다. 부회장이 직접 손톱으로 때를 벗겨내는 모습을 본 여직원들이 울음을 터뜨렸다. 왜 화장실 청소를 중요시할까? 왜 인사를 중요시 할까? 화장실을 깨끗이 청소하는 것과, 인사를 잘하도록 교육하는 것 모두 직원들의 의식개혁을 위한 것이었다. MK는 직원들의 의식을 개혁하는데 솔선수범이 가장 큰 힘이 되었다.

>> 직원의 의식개혁은 솔선수범에서 시작된다. 리더의 모범을 따라 하는 것이 반복되고 쌓일수록 그것은 습관이 되고 마침내 기업문화가 된다. 교육에서 생활로, 시범에서 문화로. 이것이 MK서비스의 비밀이다.

Part
04 서비스는 기업의 혼

비밀 : 37

고객의 지지를 이끌어내면 어떤 사업도 성공할 수 있다.

> 대머리도
> 배추머리되는
> 통배추~

몇년전 삼성그룹 임원진들이 대치동에 위치한 조그만 야채가게를 방문하여 마케팅 학습을 했다고 해서 화제가 된 적이 있다. 채널A TV에서는 아예 드라마로 만들어 방영했고 대학로에서는 뮤지컬로도 공연되었다. 그만큼 화제의 중심이 된 총각네 야채가게, 무엇이 그렇게 만들었을까?

총각네 야채가게는 원래 그 이름이 아니라 바로 '자연의 모든 것' 이라고 한다.

1998년 창업 초기 일하는 사람들이 모두 미혼이라 고객들이 애칭으로 붙여준 것이라고 한다. 그 애칭이 더욱 유명해지자 아예 사명을 바꿨다. 10개 이상의 지점에 직원 100여 명, 연매출액이 200억 원을 넘어갔으니 웬만한 중소기업 수준으로 야채가게라기보다 야채를 판매하는 벤처기업이라고 할 수 있다.

총각네 고객들은 제품의 상태를 물어보지도 않는다. 단골인 데다 품질에 대한 신뢰가 쌓였기 때문이다. 집 옆 가게를 두고서도 멀리서 일부러 오는 사람도 많다. 한 번 손님으로 오면 그들의 특성을 기억해 두었다가 다음에 오면 반갑게 맞이한다. 물건을 안 사고 지나가는 사람에게도 안부를 통해 고객과의 커뮤니케이션을 지속적으로 유지해나간다. 주차와 배달이라는 기본 서비스 이외에도 환불이나 교환은 당연히 해 준다. 각 품목마다 전문가가 따로 있어 전적으로 책임지고 구매, 관리한다.

총각네는 판매를 단순히 소비자에게 돈을 받고 물건을 넘긴다고 생각하지 않는다. 제품보다는 소비자에게 즐거움을 판다는 관점을 갖고 있다. 일례로 바나나를 팔 때는 옆에 원숭이를 앉혀 놓는다든지, '사장 총각 맞선 기념 대박세일'이라는 이벤트를 통해서 손님에게 즐거움을 주려고 한다. 푯말도 재미있다. '이문세가 가장 좋아하는 채소 – 당근', '나도 붉은 악마 – 홍고추', '콩밥만 먹은 사람 성인병 걱정 없네 – 강낭콩'을 보고 웃지 않을 소비자가 어디 있겠는가?

회사에게 고객은 전부다.

MK그룹은 MK택시 친절서비스 정신과 경영노하우를 바탕으로 2001년 긴키산업신용조합이란 금융회사를 설립했다. 택시에서 석유, 금융까지 놀라운 기적을 만들고 있다. 긴키산업신용조합이 출범하면서 가장 먼저 한 일은 일본인들의 요청에 따라 부도난 4개의 신용조합을 인수한 일이었다. 부도난 금융기관 하나를 살리는 것도 결코 쉬운 일은 아니었지만 MK그룹은 이 신용조합을 재일동포를 위한 민족금융기관으로 세우고자 혼신의 노력을 다했다. 당시 일본경제는 '잃어버린 20년'의 한가운데를 지나며 혹독한 불황을 겪고 있었다. 그러나 긴키산업신용조합은 출범 10개월 만에 48억1천만 엔이라는 흑자를 기록했다. 그 후 10년 동안

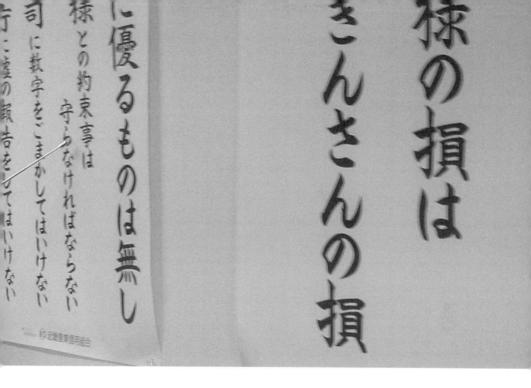

に優るものは無し

様との約束事は
守らなければならない

司に数字をごまかしてはいけない

行こ達の報告をてはいけない

様の損は

きんさんの損

100배 이상의 꾸준한 성장을 하면서 2012년 마침내 예금 수주액이 14조 엔을 돌파했다. 실로 놀랍고 대단한 성과였다. 남들은 불황 속에서 허덕일 때, 긴키산업신용조합은 일본 금융의 새로운 역사를 썼다. 고객의 지지를 이끌어내면 어떤 사업도 성공시킬 수 있다는 자신감이다. 지금 긴키산업신용조합은 그 어떤 사업장보다 MK정신이 더욱 빛나고 있다.

 일본의 금융기관들이 모두 정체해있던 10년간 무려 100배의 성장으로 경제계를 놀라게 한 긴키산업신용조합은 망하던 4개의 신용조합을 합병해 하나로 만든 것이었다. 그러나 고객들이 MK를 신뢰하듯 한번 얻은 고객의 지지는 불황 가운데서도 놀라운 성장을 가져왔다. 회사에게 고객은 전부다.

Part
04   서비스는 기업의 혼

비밀 : 38

친절은 연쇄반응을 일으킨다.
첫 고리를 잘 끼워야 사업도
끝까지 풀린다.

1950년대 중반, 한 청년이 낡은 트럭 한 대를 끌고 미군 물품 수송을 하청받아 사업을 시작했다. 한 번은 물건을 실어서 인천에서 서울로 돌아가는 길이었다. 그런데 한 외국 여성이 먼지 풀풀 날리는 길가에 멈춰서 버린 차 옆에서 울먹이는 표정으로 서 있는 모습이 보였다. 그냥 지나치려다 차를 세우고 사정을 물어보았더니 차가 고장이 났다며 난감해했다. 그는 무려 1시간 30분 동안이나 고생해서 차를 고쳐주었다. 그랬더니 그 부인은 고맙다면서 상당한 금액의 돈을 내놓았다. 하지만 그는 그 돈을 받지 않았다.
"우리나라 사람들은 이 정도의 친절은 베풀고 지냅니다."
그러면 주소라도 알려달라고 조르는 그녀에게 그는 주소만 적어주고 등을 돌렸다.

얼마 후, 그녀는 견장에 별이 달린 군복을 입은 남편과 함께 트럭운전사 청년을 찾아왔다. 그 남편은 바로 미8군 사령관 렘니처(Lyman L. Lemnitzer) 대장이었다. 그는 1955년부터 3년간 재임 후 제 21대 미 육군참모총장, 제 4대 미 합참의장, 제 5대 NATO 유럽군 최고사령관을 지낸 미 군부의 거물이었다. 렘니처 사령관은 그에게 직접 돈을 전달하려 했지만 그는 끝내 거절했다.

"명분 없는 돈은 받지 않습니다. 정히 도와주시려거든 명분 있는 것을 도와주십시오."

"그럼 명분 있게 도와주는 방법이 무엇이오?"

"나는 운전사입니다. 그러니 미8군에서 나오는 폐차를 내게 넘겨주면 수리해서 그것으로 사업을 하고 싶습니다. 폐차를 인수할 수 있는 권리면 제게 충분합니다."

사령관으로서 그것은 일도 아니었다. 고물로 처리하는 폐차를 주는 것은 어려운 부탁도 특혜도 아니었다. 10년후, 그 청년은 월남전 가운데 미군 보급수송을 맡아 엄청난 돈을 벌어들인다. 당시 올린 한해 매출 1억 5천만 달러는 당시 한국 전체 외환보유고의 3배에 이르렀다. <u>그 청년의 이름은 조중훈이었다.</u>

그렇게 해서 만들어진 기업이 바로 오늘날 ㈜한진-한진해운-대한항공으로 육해공을 아우르는 대한민국 최고의 수송기업이자 대기업인 한진그룹이다. <u>오늘날의 한진그룹은 이렇게 우연한 친절에서 시작되었다.</u>

친절과 신뢰의 연쇄반응이 긍정적으로

MK그룹은 2001년에 부도난 4개의 신용조합을 하나로 뭉쳐 긴키산업신용조합이란 금융회사를 설립했다. 2012년 긴키산업신용조합은 1급 금융기관으로 지정되어 해외지점의 설치 및 영업이 가능하게 되었다. 은행도 아닌 신용조합이 1급 금융기관이 된 배경에는 우리나라로 치면 도에 해당하는 어느 현에서 현 의회 의원들의 반대를 무릅쓰고 현 전체의 재정을 맡긴 놀라운 일이 있었다.

어느 날 교토지역 중견 회사의 회장이 찾아와 자기 회사 승용차량 전체를 의뢰하러 왔다. 하루 400대 가량 콜택시를 이용하던 수요를 맡아달라고 상담을 진행하던 회장은 이런 이야기를 들려주었다.

"비바람이 몰아치는 날 밤, 다른 택시들은 다 안 태우고 지나가는데 MK택

시만은 한 할머니를 태웠다오. 그 기사는 우산을 펴서 할머니를 받쳐주며 태웠고, 차를 세워달라는 곳에서는 우산과 손전등을 드리려 했지요. 할머니가 괜찮다고 사양하자, 그 기사는 차를 돌려 할머니가 집 대문에 들어갈 때까지 전조등으로 비춰주었어요. 그분이 내 어머니였답니다."

그 회장은 얼마 안 가서 자기 회사의 주거래 은행도 긴키산업신용조합으로 바꿨다. 그는 다른 친구들에게도 MK를 소개했다. 이런 일들이 하나 둘씩 쌓이면서 다른 은행들이 부동산 거품 붕괴로 힘들어할 때 긴키는 경이적인 수익률을 올리며 단기간에 1급 금융기관이 될 수 있었던 것이다.

부도난 조그만 금융사 4개를 모아 만든 신용조합이 얼마 안가 망할 거라는 예상을 뒤엎고 14조엔의 예금고를 기록한 1급 금융기관이 된 기적은 친절과 신뢰의 연쇄반응이 긍정적으로 이어진 결과다. 진정성 있는 첫 고리가 훌륭한 마지막 열매를 만든다.

세계 최고의
메시지맨이 되겠다

무엇을 하든
세계최고가
되리라

장군의 아들 정태성은 외부인을 받아들이지 않는 MK택시 신입사원교육의 원칙을 깨뜨린 첫 사례가 됐다. 지성이면 감천이라는 옛 말대로였다. 장성의 아들로 태어난 그의 형은 벨 연구소 출신의 미국 공과대학 교수다. 학교생활이 맞지 않아 고등학교를 중퇴한 그는 공사판과 이삿짐센터를 전전하며 어렵게 모은 돈으로 사업에 도전했다. 이것저것 실패하고 딸마저 잃었다. 1997년 법인택시 핸들을 잡은 첫날, 남들은 인생 거의 막장이라는 택시의 매력을 발견했다. 일한 대가를 그날 바로 손에 쥘 수 있는 것, 차에서 내리는 순간 그날의 일이 마무리되는 것, 세상을 누비며 다양한 사람과 만나는 것이 즐거웠다. 2000년 여름, 아버지는 개인택시를 마련해주었다. "난 세계 최고의 장군이 못 됐지만 너는 세계 최고의 택시 기사가 될 수 있다." 어머니는 세 부자가 모이면 "여기 장군, 박사, 기사님이 다 있네~"라며 그를 치켜세웠다.

세계최고의 기사가 된다는 아버지의 유언을 잊지 않고 있던 그는 〈MK의 기적〉이라는 책을 보고 일본어공부를 시작하면서 '신입사원 연수를 받고 싶다'고 편지를 보냈다. 기다려도 답이 없었다. 그는 포기하지 않았다. 청와대, 서울시청, 그리고 대기업 사장들에게 추천서를 요청했다. 삼성에버랜드 서비스아카데미와 안동병원에서 추천서가 왔다. 추천서와 이력서, 자기소개서를 번역해 다시 MK택시에 보냈다. 감감무소식… 또 보냈다. 첫 편지 후 3년반, 창업자 유봉식 회장의 동생인 유태식 부회장이 국회 강연을 위해 방한했다. 그는 강연을 마치고 나오던 유 부회장에게 다가갔다. "정태성입니다. MK교육을 꼭 받고 싶습니다." 마침내 유태식 부회장은 그의 편지를 기억해 냈다. "저도 만나고 싶었습니다." 며칠 뒤 일본에서 소식이 왔다. 연수비용과 기숙사 비용은 면제할 테니 참가하라고.

보름간의 연수에서 그는 7명의 교관 전원에게 3.0 만점을 받았다. 일본

인 중에선 2.0점이 최고 점수였다. 연수가 끝난 다음 날 유 부회장은 교토 연수원으로 최고급 택시를 보내 그를 오사카에 위치한 개인사무실로 불렀다. "무엇을 배웠나?" 그는 조심스럽게 대답했다. "오기 전엔 MK택시에서 친절은 수익 창출의 도구라고 생각했습니다. 하지만 배울수록 그것만은 아니었습니다. 친절은 MK택시의 존재 이유입니다. 구르는 재주밖에 없는 굼벵이는 구르는 것이 존재 이유이듯이, 택시 기사는 친절

178
179

한 서비스 말고는 세상에 줄 수 있는 게 없습니다." 유 부회장은 눈물을 글썽인 채 고개를 끄덕였다고 그는 회상한다.

다른 기사들처럼 그 역시 하루 16~18시간씩 택시를 몰아도 수입은 월 150만원 남짓이다. 이 돈으로 네 식구가 살기는 쉽지 않다. 일본과는 달리 한국은 택시산업의 열악한 구조가 택시 기사들의 수준을 높이기 어려운 것이 현실이다. 하지만 그는 동료 기사들에게 "우리가 먼저 변하자"고 강조한다. "돈 때문에 베푸는 친절은 진짜 친절이 아니지요. 수입이 많든 적든 택시 기사는 손님을 친절하고 안전하게 모셔야 합니다. 그게 사명이니까요." 그는 30가지의 매뉴얼을 만들어 실천하고 있다.

그는 현재 광운대 서비스경영학과 대학원에 재학 중이며, 그가 배우고 느끼고 체험한 것들을 블로그를 통해 네티즌들과 나누는 한편 수백회의 강연을 통해 친절과 서비스와 인간존중의 삶을 알리고 있다. 그의 소망은 대한민국의 모든 서비스가 MK정신처럼 진정으로 고객을 존경하고 친절을 다하는 그날이 오는 것이다. 그의 당대에 이루어지지 않더라도 정태성 씨는 오늘도 그 일을 쉬지 않을 것이다. 자신이 먼저 세계최고의 기사가 되는 날까지.

친절과 인사만
잘해도
세계최고가
된다
——

부록

친절과 인사만
잘해도
세계최고가
된다

부록

MK그룹 소개

MK택시는 1960년 한국인 유봉식 회장과 유태식 부회장이 일본 교토에서 창립한 미나미(Minami)택시회사와 나중에 합병한 카쓰라(Katsura) 택시회사 앞 글자를 따서 지은 회사명이다. 처음 10대로 시작한 택시가 현재는 2,000대를 보유하고 있고, 직원수는 4,000명이 넘는다. 현재 MK택시는 일본 8대도시에 진출해 영업 중이다.(교토, 오사카, 고베, 사가, 나고야, 동경, 후쿠오카, 삿포로) 해외에도 진출하여 상하이, 홍콩 등지에도 지사가 있고 최근 한국에도 택시연결서비스로 진출하는 등 해외 사업도 넓혀가는 중이다.현재 MK그룹은 MK택시, MK석유, MK산업, MK관광, MK부동산, 긴키산업신용조합 등 10여개의 계열사가 있다.

1995년 미국 타임지에 세계에서 가장 친절한 기업으로 선정된 이후 수많은 언론에 세계에서 가장 친절한 회사로 소개되었고, 일본 교토대학의 연구에 의해 일본에서는 가장 존경받는 10개 회사 중의 하나로 뽑혔다. 친절을 강조하며 이전의 의식을 개혁하는 신입사원 교육과정이 매우 유명해져 많은 회사들의 벤치마킹 대상이 되기도 하였다. 지금은 신입사원 연수교육을 일부 개방하여 MK정신을 배우고자 하는 많은 기업과 사회 지도자들에게 인간존중의 서비스를 확산시키고 있다.

유봉식 회장

1928년 경남 남해 출생, 남해초등학교 졸업
1943년 15세에 일본으로 건너 감
일본 교토 입명관 중학교 및 고등학교 졸업
일본 교토시 입명관대학 법학부 3년 중퇴
1956년 나가이 석유 인수(종업원 3명) 사업 시작
1960년 미나미 택시회사 설립 (택시 10대)
1963년 카쓰라 택시회사 인수 (회사 합병)
1977년 MK(주) 회사명 변경
2001년 긴키산업신용조합 회장 취임
2004년 대한민국 국민훈장 무궁화장 수상

유태식 회장

1936년 경남 남해 출생
남해고등학교 졸업
일본 교토시 입명관대학 법학부 졸업
나가이석유 대표이사 (1972년)
MK(주) 대표이사 (1989년)
MK산업 대표이사
MK석유 대표이사
현재, MK그룹 부회장, 긴키산업신용조합 부회장
재일 대한기독교 교토교회 장로
저서 : 돈이 아니라 생명입니다.

MK택시 서비스 혁신 연혁

- 1960년 미나미(Minami) 택시 설립
- 1963년 카쓰라(Katsura) 택시 경영권 인수
- 1969년 MK시스템 도입
- 1970년 MK부인회 결성
- 1971년 MK단지 자택 근무교대제 실시
- 1972년 신체 장애인 우선 승차제 실시
- 1973년 '움직이는 정보백화점' 실시
- 1975년 학사 드라이버 채용
- 1976년 MK 4가지 인사하기 운동 실시
- 1977년 MK(주) 회사명 변경 (회사 합병)
- 1978년 구급택시 발족 (전 직원 구호자격 취득)
- 1982년 운임 인하 신청
- 1983년 신체 장애인 할인제도 실시
- 1983년 고급디자인 MK제복 착용
- 1985년 영어회화 택시 운행
- 1990년 교토역 앞 MK택시 귀빈실 개설
- 1991년 전국 식수제 수송용차량 참가 (식목일 행사)
- 1992년 전 차량 금연 실시

- 1992년 제1기 영국 유학생 어학연수 파견
- 1994년 요금 인하 허가서 받음 (15년간 법정투쟁)
- 1994년 엘레강스 컴퍼니 10대 기업 선정
- 1995년 타임지 선정, 서비스 세계 1위 기업
- 2001년 GPS 무선자동배차시스템 도입
- 2001년 긴키산업신용조합 설립
- 2003년 MK택시 승차고객 기모노 할인
- 2004년 대한민국 국민훈장 무궁화장 수상
- 2012년 긴키산업신용조합 예금액 1조엔 돌파

친절과 인사만
잘해도
세계최고가
된다

부록 MK 경영어록

MK 경영어록

- 기업의 본질은 고객이다. 고객의 신뢰를 저버린 기업은 존재할 수 없다.
- 이윤만을 추구하는 경영 이기주의에서 벗어나라. 직원을 먼저 생각하고
  고객 제일주의를 우선하는 상생원칙을 추구하라.
- 힘의 원천은 계속에서 나온다. 계속은 힘이다. 인생도 사업도 마찬가지로
  계속하느냐 안 하느냐에 따라 성패가 좌우된다. 일을 하다가 중단하지 말라.
- 초심을 잃지 마라. 초심을 잃으면 모든 것을 잃는다.
- 불의와 타협하지 말라. 손해를 보더라도 옳은 길이 아니면 쳐다보지 말라.
  반면에 옳은 일이면 어떤 핍박과 어려움이 따른다 해도 의지대로 밀어 붙여라.
- 직원들과 수시로 대화하라. 그들의 고충을 파악하는 한편 어떻게 하면
  서비스의 질을 높일 수 있는지를 함께 고민하기 위해서다.
- 서비스는 특별한 것이 아니고 고객에게 당연한 것이다. 사회에 봉사하는 것도
  결국은 자신을 위해서다.
- 토양은 나무에게는 생명이다. 왜소한 분재로 키우는 것보다 거목이 될 수
  있도록 적절한 토양을 만드는 것이 가정에서는 어버이의 자세이자 회사에서는
  경영자의 자세다.

- 성공적인 삶이란 주어진 일에 최선을 다하고 업무와 관련해서 학습을 지속적으로 하는 것이다.
- 고생을 즐겨라. 고생은 더 나은 내일을 설계하는 과정이다. 고생이 없으면 인생이 아니다.
- 고난 뒤에서 기다리고 있는 무지개야말로 한없이 즐겁다.
- 최상의 제품만을 골라 손님에게 팔아라. 최상의 서비스만 찾아서 손님에게 제공하라.
- 값이 싸고 시설이 좋아도 서비스가 엉망이면 손님은 외면한다. 서비스가 경쟁력이고, 고객감동을 실현하는 중요한 경영요소다.
- 뛰어난 인품을 가졌더라도 친절하지 않거나 겸손하지 않으면 남들에게 호감을 얻지 못한다. 기업경영이나 장사도 마찬가지다.
- 친절이 체질화되면 우선 편해지고 일에도 능률이 오르게 된다.
- 기업경영은 종합예술이다. 조화를 이루도록 모든 면에서 신경을 써야 한다.
- 아침인사를 잘 하라. 아침인사는 손님의 하루를 즐겁게 하는 청량제와 같다. 손님의 즐거운 하루는 기분 좋은 출근시간에서 시작된다.
- 고객을 지키는 일이 회사를 지키는 일이고, 나 자신을 지키는 일이다.
- MK성공신화는 기적이 아니라, 불굴의 투지와 끊임없이 도전한 땀의 결실이다.
- 현재에 집착하는 기업은 발전할 수 없다. 항상 변화해야 한다.
- 싸고 품질 좋고 친절하면 고객이 증가한다. 이것이 서비스다.
- 경영자는 늘 현장을 지켜야 한다. 고객의 목소리에 귀를 기울여야 한다.
- 경험이 없는 것이 나을 때가 있다. 요령이 부리지 않기 때문이다.

- 변화를 두려워하지 말라. 변화는 기회다.

- 성공의 법칙은 아주 단순하다. 먼저 베풀면 더 큰 이득으로 돌아온다.

- 친절은 돈이다. 친절은 성공의 열쇠다.

- 교육과 훈련을 반복하며 직원들의 숨은 잠재능력을 발굴하라.

- 경영자가 해야 할 일은 직원들에게 자부심을 갖게 하는 것이다.

- 월급을 많이 주고, 집을 사도록 도와주고, 가정이 행복한 것, 그것이 복리후생이다.

- 돈으로 사람을 붙잡지 말라. 교육에 투자하는 것이 가장 확실하다.

- 소비자에게 환영받는 기업은 쓰러지지 않는다.

- 소비자가 계속 찾아주는 기업은 망하지 않는다.

- 새로운 시대는 한 사람의 선견지명과 그의 용기 있는 실천으로 시작된다.

- 무슨 일이든 열심히 하면 지지자가 나타난다. 사업에서 지지자는 직원과 고객이다.

- 자본은 은행에 보관된 돈이 아니라 직원이다.

- 교육받은 직원은 돈으로 평가할 수 없는 귀한 가치를 지닌다.

- 교육을 반복하면 훈련이 된다. 훈련을 반복하면 습관이 된다.

- 사업가는 경영철학이 있어야 한다. 바른 길로 가겠다는 신념과 의지가
  있어야 한다.

- 사람은 머리가 아니라 마음으로 움직인다. 마음을 움직이는 교육을 하라.

- 사회에 봉사하라. 그것은 곧 자신을 위한 일이다.

- 일본사람들이《さん》상이란 존칭어를 붙이는 두 회사가 있다. 다이마루 백화점과 MK택시다.
- 서비스는 희생이 아니라 고객과 나를 동시에 만족시키는 묘약이다.
- 친절은 사람의 마음을 움직이게 한다. 그래서 친절은 돈이다.
- 변화를 계속한다는 것은 힘들다. 하지만 그 길을 가야한다. 그것이 경영이다.
- 장사는 이익을 내야 한다. 눈앞의 이익이 아니라, 긴 안목을 보는 이익을
- 손님에게 품격 있는 서비스를 제공하라. 감동한 고객은 다시 찾는다.
- 고객이 무엇을 원하고 있는지 살펴라. 그것을 아는 사람만이 성공한다.
- 내가 위대한 것이 아니라 손님이 위대하다고 생각하는 것이 서비스다.
- MK정신은 관심, 배려, 정성 등 호스피탈리티 정신의 성과물이다.
- 경영자여, 교육에 돈을 투자하라. 가장 확실한 투자다
- 기술보다 더 중요한 것은 서비스다. 서비스는 기업의 혼이다.
- 성공하려면 주어진 일에 최선을 다하고, 학습을 통해 능률을 높여라.
- 서비스를 특별한 것이라고 생각하지 말라. 고객에게 당연히 해야 할 의무다.
- 경영자가 먼저 앞에서 뛰어라. 솔선수범하는 모습을 보고 직원들도 따라 온다.
- 고객의 목소리에 귀를 기울여라. 마음에 담긴 서비스를 실천하라.
- MK정신은 한마디로 말하면 – 하면 된다. 우리가 안할 따름이지, 하기만하면 해낼 수 있다.
- 자주해 봐야 어색하지 않다. 자주해 보는 것. 그것이 훈련이다.
- 고객의 지지를 이끌어내면 어떤 사업도 성공할 수 있다.
- 서비스는 경쟁력이다. 서비스는 고객감동을 실현하는 원동력이다.

친절과 인사만
잘해도
세계최고가
된다
—

 **MK 경영어록**

- 한 번 시작하면 끝까지 하라.
- 끊임없이 생각하고 추구하는 것이 힘이다.
- 어떤 일을 할 때는 그 일에 미치지 않으면 성취하지 못한다.
- 소리 쳐라. 더 크게 외쳐라. 뜨거운 목청이 자신감을 줄 것이다.
- 귀찮다고 생각하지 않고 똑같은 소리를 매일 반복하는 데는 용기가 필요하다.
- 행동하고 아이디어를 낳게 하라. 행동이 없으면 아무 일도 못한다.
- 통하지 않는 것은 상대의 잘못이 아니다. 내 탓이다.
- 어려움에 직면했을 때 사상이 없으면 극복할 수 없다.
- 모순이 없는 사회는 없다. 모순을 극복해야 만 개혁이 이루어진다.
- 부처님처럼 얼굴이 인자하고 거룩해도 급여가 적으면 사람들이 따르지 않는다.
- 정상에 있으면 어떻게 해야 직원의 처우를 잘 할 것인가 하는 책임이 있다.
- 투자를 해야 이익이 나온다. 씨도 안 뿌리고 수확을 하려면 그것은 안 된다.
- 편하면 돈을 못 번다. 고생해서 벌지 않으면 안 된다. 그것이 차차 편하게
  되어간다.
- 회사의 우열은 관리직이 근로자와 접촉하는 시간이 많고 적음에 달려있다.
- 교육은 어느 곳에서나 갖가지 형태로 한다. 한 잔 하면서도, 여행하면서도 한다.
- 나는 아침부터 저녁까지 얼굴만 마주치면 교육을 했다.

—

- 교육하는 경영자가 바로 성공하는 경영자다.
- 당장 이익이 없어도 좋다. 중요한 것은 직원들의 5년이나 10년 뒤 장래 전망이다.
- 귀에 못이 박히지 않으면 안 된다. 말만 해서는 안 된다. 이해시키지 않으면 안 된다.
- 의식부터 개혁하라. 손님을 중요시 하는 의식부터 갖게 하라.
- 기업경영의 99%는 경영자의 책임이다.
- 최선을 다하니까 설득력이 있다.
- 직원을 노동력으로 보지 않고 지혜로 본다.
- 남들에게는 봄바람 같지만, 내 자신과 회사에는 겨울바람으로 행동한다.
- 부동산이 담보가 아니라 열의가 담보다.
- 초심을 잃으면 모든 것을 잃는다. 존경받는 위치에 서더라도 처음 마을을 잃지 말라.
- 장사는 자신과의 처절한 싸움이다.
- 좋은 품질을 만드는 것도 서비스지만, 가격을 낮추는 것도 서비스다.
- 돈이 아니라 생명이다.

MK 자료

MK택시 우리의 신념

우리는 노동이 최고로 신성하다는 것을 믿는다.
우리는 회사와 함께 한다는 것을 믿는다.
우리의 책임과 의무는 고객을 위하는 일이다.
우리는 사회에 봉사해야 한다.
우리는 건전한 이익을 추구해야 한다.
우리는 학습으로 인격의 완성에 힘써야 한다.

MK택시 인사법

MK입니다. 감사합니다.
목적지는 OO까지 가십니까.
오늘은 OOO가 모시겠습니다.
감사합니다. 잃어버린 물건은 없으십니까?
(위의 인사를 하지 않으면 요금을 받지 않겠습니다)

 MK택시 인사법

어서 오십시오.
네, 알았습니다.
조금만 기다려 주세요.
오랫동안 기다리셨습니다.
대단히 감사합니다.

부록 긴키산업신용조합 응원가(社歌)

긴키산업신용조합 응원가(社歌)

1. 연 초록의 싹이 트는 저 초원 위
저 한 모퉁이 높이 올려진
드높은 이상의 큰 깃발 아래
날로 번창하는 일에 서로 힘내어
같이 쌓아올린 멋진 금자탑
우리들의 긴키산업 의기 높이자

2. 맑게 깨끗하게 더욱 힘차게
자부심도 드높은 우리들 친구
꾸밈없는 진실의 높은 이정표
고난의 앞날에 기다리고 있을
찬란한 무지개 모두 즐거워라
우리들의 긴키산업 의기 높이자

3. 세기에 자랑할 우리의 조직
성실한 한 길 뚫고 나가면
업적은 늘어나 끊이지 않고
온 세상 사람들의 큰 행복을
마음껏 다지면서 모두야 가자
우리들의 긴키산업 영광 있으라.

이 책을 마치며
"친절과 인사만 잘 해도 세계최고가 된다"
MK이야기를 다 읽으신 지금 당신의 생각은 어떠신지요?
더 깊은 MK 정신세계를 알고 싶으시다면
MK일본 연수를 신청해 주십시오.
MK정신의 실천을 통해 독자님께 다가올
찬란한 인생을 누리시길 기원합니다.

지은이 **박기모** 드림
010-9958-3400